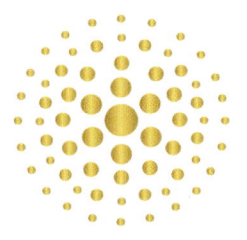

바로보인

전傳등燈록錄

24

농선 대원 역저

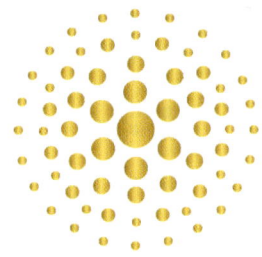

이 원상은 농선 대원 선사님께서 직접 그리신 것으로 모든 불성이 서로 상즉해 공존하는 원리를 담은 것이다.

선 심(禪心)

누리 삼킨 참나를
낙화(落花)로 자각(自覺)
떨어지는 물소리로 웃고 가는 길
돌에서 꽃에서도 님이 맞는다

 정맥 선원의 문젠 마크는 농선 대원 선사님께서 마음을 상징하는 달(moon)과 그 마음을 깨달아 마음이 내가 된 삶인 선(zen)을 평화의 상징인 비둘기로 형상화하신 것이다.

교조 석가모니 부처님과
부처님으로부터 직계로 내려온
불조정맥 78대 조사들의
진영과 전법게

 불조정맥

　불조정맥이란 석가모니 부처님으로부터 현 78대 조사에 이르기까지 스승에게 깨달음의 인증인 인가를 받아 법을 전하라는 부촉을 받은 전법선사의 맥이다. 여기에 실린 불조진영과 전법게는 농선 대원 선사님께서 다년간 수집 정리하여 기도와 관조 끝에 완성하여 수립하신 것이다. 각 선사의 진영과 함께 실린 전법게는 스승으로부터 직접 전해 받은 게송이다. 단, 석가모니 부처님 진영에 실린 게송은 석가모니 부처님의 게송이다.

교조 석가모니 부처님

환화라고 하는 것 근본 없어 생긴 적도 없어서	幻化無因亦無生
모두가 스스로 이러-해서 본다 함도 이러-하네	皆則自然見如是
모든 법도 스스로 화한 남, 아닌 것이 없어서	諸法無非自化生
환화라 하지만 남이 없어 두려워할 것도 없네	幻化無生無所畏

제1조　마하가섭 존자

법이라는 본래 법엔 법이랄 것 없으나　　法本法無法
법이랄 것 없다는 법, 그 또한 법이라　　無法法亦法
이제 법이랄 것 없음을 전해줌에　　　　今付無法時
법이라는 법인들 그 어찌 법이랴　　　　法法何曾法

제2조　아난다 존자

법이란 법 본래의 법이라　　　　　　　法法本來法
법도 없고 법 아님도 없으니　　　　　　無法無非法
어떻게 온통인 법 가운데　　　　　　　何於一法中
법 있으며 법 아닌 것 있으랴　　　　　有法有非法

제3조　상나화수 존자

본래의 법 전함이 있다 하나　　　　　　本來付有法
전한 말에 법이랄 것 없다 했네　　　　付了言無法
각자가 스스로 깨달으라　　　　　　　　各各須自悟
깨달으면 법 없음도 없다네　　　　　　悟了無無法

제4조　우바국다 존자

법 아니고 마음도 아니어서　　　　　　非法亦非心
맘이랄 것, 법이랄 것 없나니　　　　　無心亦無法
마음이다, 법이다 설할 때는　　　　　　說是心法時
그 법은 마음법이 아니로다　　　　　　是法非心法

제5조　제다가 존자

마음이란 스스로인 본래의 마음이니　　心自本來心
본래의 마음에는 법 있는 것 아니로다　本心非有法
본래의 마음 있고 법이란 것 있다 하면　有法有本心
마음도 아니요 본래 법도 아니로다　　　非心非本法

제6조 미차가 존자

본래의 마음법을 통달하면	通達本心法
법도 없고, 법 아님도 없도다	無法無非法
깨달으면 깨닫기 전과 같아	悟了同未悟
마음이니, 법이니 할 것 없네	無心亦無法

제7조 바수밀 존자

맘이랄 것 없으면 얻음도 없어서	無心無可得
설함에 법이라 이름할 것도 없네	說得不名法
만약에 맘이라 하면 마음 아님 깨달으면	若了心非心
비로소 마음인 마음법 안다 하리	始解心心法

제8조 불타난제 존자

가없는 마음으로	心同虛空界
가없는 법 보이니	示等虛空法
가없음을 증득하면	證得虛空時
옳고 그른 법이 없다	無是無非法

제9조 복타밀다 존자

허공이 안팎 없듯	虛空無內外
마음법도 그러하다	心法亦如此
허공이치 요달하면	若了虛空故
진여이치 통달하네	是達眞如理

제10조 파율습박(협) 존자

진리란 본래에 이름할 수 없으나	眞理本無名
이름에 의하여 진리를 나타내니	因名顯眞理
받아 얻은 진실한 법이라고 하는 것	受得眞實法
진실도 아니요, 거짓도 아니로세	非眞亦非僞

제11조　부나야사 존자

참된 몸 스스로 이러-히 참다우니　　眞體自然眞
참됨을 설함으로 인해 진리란 것 있다 하나　因眞說有理
참답게 참된 법을 깨달아 얻으면　　領得眞眞法
베풀 것도 없으며 그칠 것도 없다네　無行亦無止

제12조　아나보리(마명) 존자

미혹과 깨침이란 숨음과 드러남 같다 하나　迷悟如隱顯
밝음과 어둠이 서로가 여읠 수 없는 걸세　明暗不相離
이제 숨음이 드러난 법 부촉한다지만　今付隱顯法
하나도 아니요, 둘도 또한 아니로세　非一亦非二

제13조　가비마라 존자

숨었느니 드러났느니 하지만 본래의 법에는　隱顯卽本法
밝음과 어두움이 원래에 둘 아니라　明暗元不二
깨달아 마친 법을 전한다고 하지만　今付悟了法
취함도 아니요, 여읨도 아니로세　非取亦非離

제14조　나가르주나(용수) 존자

숨을 수도, 드러날 수도 없는 법이라 함　非隱非顯法
이것이 참다운 실제를 말함이니　說是眞實際
숨음이 드러난 법 깨달았다 하나　悟此隱顯法
어리석음도 아니요 지혜로움도 아니로다　非愚亦非智

제15조　가나제바 존자

숨었느니 드러났느니 하면 법에 밝다 하랴　爲明隱顯法
밝게 해탈의 이치를 설하려면　方說解脫理
저 법에 증득한 바도 없는 마음이어야 하니　於法心不證
성낼 것도 없으며 기쁠 것도 없다네　無嗔亦無喜

제16조   라후라타 존자

본래에 법을 전할 사람 대해	本對傳法人
해탈의 진리를 설하나	爲說解脫理
법엔 실로 증득한 바 없어서	於法實無證
마침도 비롯함도 없느니라	無終亦無始

제17조   승가난제 존자

법에는 진실로 증득한 바 없어서	於法實無證
취함도 없으며 여읨도 없느니라	不取亦不離
법에는 있다거나 없다는 상도 없거늘	法非有無相
안이니 밖이니 어떻게 일으키리	內外云何起

제18조   가야사다 존자

맘 바탕엔 본래에 남 없거늘	心地本無生
바탕의 인, 연을 쫓아 일으키나	因地從緣起
연과 종자 서로가 방해 없어	緣種不相妨
꽃과 열매 그 또한 그러하네	華果亦復爾

제19조   구마라다 존자

마음의 바탕에 지닌 종자 있음에	有種有心地
인과 연이 능히 싹 나게 하지만	因緣能發萌
저 연에 서로가 걸림이 없어서	於緣不相礙
마땅히 난다 해도 남이 남 아니로세	當生生不生

제20조   사야다 존자

성품에는 본래에 남 없건만	性上本無生
구하는 사람 대해 설할 뿐	爲對求人說
법에는 얻은 바 없거늘	於法旣無得
어찌 깨닫고, 깨닫지 못함을 둘 것인가	何懷決不決

제21조   바수반두 존자

말 떨어지자마자 무생에 계합하면　　　言下合無生
저 법계와 성품이 함께 하리니　　　　　同於法界性
만일 능히 이와 같이 깨친다면　　　　　若能如是解
궁극의 이변 사변 통달하리　　　　　　通達事理竟

제22조   마노라 존자

물거품과 환 같아 걸릴 것도 없거늘　　泡幻同無礙
어찌하여 깨달아 마치지 못했다 하는가　如何不了悟
그 가운데 있는 법을 통달하면　　　　　達法在其中
지금도 아니요, 옛 또한 아니니라　　　非今亦非古

제23조   학륵나 존자

마음이 만 경계를 따라서 구르나　　　　心隨萬境轉
구르는 곳마다 실로 능히 그윽함에　　　轉處實能幽
성품을 깨달아서 흐름을 따르면　　　　隨流認得性
기쁠 것도 없으며 근심할 것도 없네　　無喜亦無憂

제24조   사자보리 존자

마음의 성품을 깨달음에　　　　　　　認得心性時
사의할 수 없다고 말하나니　　　　　　可說不思議
깨달아 마쳐서는 얻음 없어　　　　　　了了無可得
깨달아선 깨달았다 할 것 없네　　　　得時不說知

제25조   바사사다 존자

깨달음의 지혜를 바르게 설할 때에　　正說知見時
깨달음의 지혜란 이 마음에 갖춘 바라　知見俱是心
지금의 마음이 곧 깨달음의 지혜요　　當心卽知見
깨달음의 지혜가 곧 지금의 함일세　　知見卽于今

제26조　불여밀다 존자

성인이 말하는 지견은　　　　　　聖人說知見
경계를 맞아서 시비 없네　　　　　當境無是非
나 이제 참성품 깨달음에　　　　　我今悟眞性
도랄 것도, 이치랄 것도 없네　　　無道亦無理

제27조　반야다라 존자

맘 바탕에 참성품 갖췄으나　　　　眞性心地藏
머리도, 꼬리도 없으니　　　　　　無頭亦無尾
인연 응해 만물을 교화함을　　　　應緣而化物
지혜라고 하는 것도 방편일세　　　方便呼爲智

제28조　보리달마 존자

마음에서 모든 종자 냄이여　　　　心地生諸種
일(事)로 인해 다시 이치 나느니라　因事復生理
두렷이 보리과가 원만하니　　　　果滿菩提圓
세계를 일으키는 꽃 피우리　　　　華開世界起

제29조　신광 혜가 대사

내가 본래 이 땅에 온 것은　　　　吾本來此土
법을 전해 중생을 구함일세　　　　傳法救迷情
한 송이에 다섯 꽃잎 피리니　　　一花開五葉
열매 맺음 자연히 이뤄지리　　　結果自然成

제30조　감지 승찬 대사

본래의 바탕에 연 있으면　　　　　本來緣有地
바탕의 인에서 종자 나서 꽃핀다 하나　因地種華生
본래엔 종자가 있은 적도 없어서　　本來無有種
꽃핀 적도 없으며 난 적도 없다네　華亦不曾生

제31조　대의 도신 대사

꽃과 종자 바탕으로 인하니	華種雖因地
바탕을 쫓아서 종자와 꽃을 내나	從地種華生
만약에 사람이 종자 내림 없으면	若無人下種
남 없어 바탕에 꽃핀 적도 없다 하리	華地盡無生

제32조　대만 홍인 대사

꽃과 종자 성품에서 남이라	華種有生性
바탕으로 인해서 나고 꽃피우니	因地華生生
큰 연과 성품이 일치하면	大緣與性合
그 남은 나도 남 아니로세	當生生不生

제33조　대감 혜능 대사

정 있어 종자를 내림에	有情來下種
바탕 인해 결과 내어 영위하나	因地果還生
정이랄 것도 없고 종자랄 것도 없어서	無情旣無種
만물의 근원인 도의 성품엔 또한 남도 없네	無性亦無生

제34조　남악 회양 전법선사

마음의 바탕에 모든 종자 머금어져	心地含諸種
널리 비 내림에 모두 다 싹트도다	普雨悉皆生
단박에 깨달아 정을 다한 꽃피움에	頓悟華情已
보리의 과위가 스스로 이뤄졌네	菩提果自成

제35조　마조 도일 전법선사

마음의 바탕에 모든 종자 머금어져	心地含諸種
비와 이슬 만남에 모두 다 싹이 트나	遇澤悉皆萌
삼매의 꽃핌이라 형상이 없거늘	三昧華無相
무엇이 무너지고 무엇이 이뤄지랴	何壞復何成

제36조 백장 회해 전법선사

마음 외에 본래에 다른 법이 없거늘	心外本無法
부촉함이 있다 하면 마음법이 아닐세	有付非心法
원래에 마음법 없음을 깨달은	旣知非法心
이러-한 마음법을 그대에게 부촉하네	如是付心法

제37조 황벽 희운 전법선사

본래에 말로는 부촉할 수 없는 것을	本無言語囑
억지로 마음의 법이라 전함이니	强以心法傳
그대가 원래에 받아 지닌 그 법을	汝旣受持法
마음의 법이라고 다시 어찌 말하랴	心法更何言

제38조 임제 의현 전법선사

마음의 법 있으면 병이 있고	病時心法在
마음의 법 없으면 병도 없네	不病心法無
내 부촉한 마음의 법에는	吾所付心法
마음의 법 있는 것 아니로세	不在心法途

제39조 흥화 존장 전법선사

지극한 도는 간택함이 없으니	至道無揀擇
본래의 마음이라 향하고 등짐이 없느니라	本心無向背
이 같음을 감당해 이으려는가?	便如此承當
봄바람에 곤한 잠을 더하누나	春風增瞌睡

제40조 남원 혜옹 전법선사

대도는 온통 맘에 있다지만	大道全在心
맘에 구함 있으면 그르치네	亦非在心求
그대에게 부촉한 자심의 도에는	付汝自心道
기쁨도 근심도 없느니라	無喜亦無憂

제41조 풍혈 연소 전법선사

나 이제 법 없음을 말하노니	我今無法說
말한 바가 모두 다 법 아니라	所說皆非法
법 없는 법 지금에 부촉하니	今付無法法
이 법에도 머무르지 말아라	不可住于法

제42조 수산 성념 전법선사

말한 적도 없어야 참법이니	無說是眞法
이 말함은 원래에 말함 없네	其說元無說
나 이제 말한 적도 없을 때	我今無說時
말함이라 말한들 말함이랴	說說何曾說

제43조 분양 선소 전법선사

예로부터 말함 없음 부촉했고	自古付無說
지금의 나 또한 말함 없네	我今亦無說
다만 이 말함 없는 마음을	只此無說心
모든 부처 다 같이 말한 바네	諸佛所共說

제44조 자명 초원 전법선사

허공이 형상이 없다 하나	虛空無形像
형상도, 허공도 아닐세	形像非虛空
내 부촉한 마음의 법이란	我所付心法
공도 공한 공이어서 공 아닐세	空空空不空

제45조 양기 방회 전법선사

허공이 면목이 없듯이	虛空無面目
마음의 상 또한 이와 같네	心相亦如然
곧 이렇게 비고 빈 마음을	卽此虛空心
높은 중에 높다고 하는 걸세	可稱天中天

제46조 백운 수단 전법선사

마음의 본체가 허공같아	心體如虛空
법 또한 허공처럼 두루하네	法亦遍虛空
허공 같은 이치를 증득하면	證得虛空理
법도 아니요, 공한 맘도 아니로세	非法非心空

제47조 오조 법연 전법선사

도에는 나라는 나 원래 없고	道我元無我
도에는 맘이란 맘 원래 없네	道心元無心
오직 이 나라 함도 없는 법으로	唯此無我法
나라 함 없는 맘에 일체하네	相契無我心

제48조 원오 극근 전법선사

참나에는 본래에 맘이랄 것 없으며	眞我本無心
참마음엔 역시나 나랄 것 없으나	眞心亦無我
이러-히 참답게 참마음에 일체되면	契此眞眞心
나를 나라 한들 어찌 거듭된 나겠는가	我我何曾我

제49조 호구 소륭 전법선사

도 얻으면 자재한 마음이고	得道心自在
도 얻지 못하면 근심이라 하나	不得道憂惱
본래의 마음의 도 부촉함에	付汝自心道
기쁨도, 근심도 없느니라	無喜亦無惱

제50조 응암 담화 전법선사

맑던 하늘 구름 덮인 하늘 되고	天晴雲在天
비 오더니 젖어있는 땅일세	雨落濕在地
비밀히 마음을 부촉함이여	秘密付與心
마음법이란 다만 이것일세	心法只這是

제51조　밀암 함걸 전법선사

부처님은 눈으로써 별을 보고　　　　　佛用眼觀星
난 귀로써 소리를 들었도다　　　　　　我用耳聽聲
나의 함이 부처님의 함과 같아　　　　　我用與佛用
내 밝음이 그대의 밝음일세　　　　　　我明汝亦明

제52조　파암 조선 전법선사

부처와 더불어 중생의 보는 것이　　　　佛與衆生見
원래 근본 부처인데 금 그은들 바뀌랴　　元本佛隔線
그대에게 부촉한 본연의 마음법에는　　　付汝自心法
깨닫고 깨닫지 못함도 없느니라　　　　　非見非不見

제53조　무준 사범 전법선사

내가 만약 봄이 없다 할 때에　　　　　我若不見時
그대 응당 봄이 없이 보아라　　　　　汝應不見見
봄에 봄 없어야 본연의 봄이니　　　　見見非自見
본연의 마음이 언제나 드러났네　　　　自心常顯現

제54조　설암 혜랑 전법선사

진리는 곧기가 거문고줄 같다는데　　　眞理直如絃
어떻게 침묵이나 말로 다시 할 것인가　何默更何言
나 이제 그대에게 공교롭게 부촉하니　　我今善付囑
밝힌 마음 본래에 얼음이 없는 걸세　　表心本無得

제55조　급암 종신 전법선사

사람에겐 미혹하고 깨달음이 본래 없는데　本無迷悟人
미했느니 깨쳤느니 제 스스로 분별하네　　迷悟自家計
젊어서 깨달았다 말이나 한다면　　　　　記得少壯時
늙어서까지라도 깨닫지 못할 걸세　　　　而今不覺老

제56조   석옥 청공 전법선사

이 마음이 지극히 광대하여	此心極廣大
허공에 비할 수도 없다네	虛空比不得
이 도는 다만 오직 이러-하니	此道只如是
밖으로 찾음 쉬어 받아 지녔네	受持休外覓

제57조   태고 보우 전법선사

지극히 큰 이것인 이 마음과	至大是此心
지극히 성스러운 이것인 이 법이라	至聖是此法
등불과 등불의 광명처럼 나뉨 없음	燈燈光不差
이 마음 스스로가 통달해 마침일세	了此心自達

제58조   환암 혼수 전법선사

마음 중의 본연의 마음과	心中有自心
법 중의 지극한 법을	法中有至法
내가 지금 부촉한다 하나	我今可付囑
마음법엔 마음법이라 함도 없네	心法無心法

제59조   구곡 각운 전법선사

온통인 도, 마음의 광명이라 할 것도 없으나	一道不心光
과거, 현재, 미래와 시방을 밝힘일세	三際十方明
어떻게 지극히 분명한 이 가운데	何於明白中
밝음과 밝지 않음 있다고 하리오	有明有不明

제60조   벽계 정심 전법선사

나 지금 법 없음을 부촉하고	我無法可付
그대는 무심으로 받는다 하나	汝無心可受
전함 없고 받음 없는 맘이라면	無付無受心
누구라도 성취하지 못했다 하랴	何人不成就

제61조　벽송 지엄 전법선사

마음이 곧 깨달음의 마음이요	心卽能知心
법이 곧 깨달음의 법이라	法卽可知法
마음법을 마음법이라 전한다면	法心付法心
마음도, 법도 아닐세	非心亦非法

제62조　부용 영관 전법선사

조사와 조사가 법 없음을 부촉한다 하나	祖祖無法付
사람과 사람마다 본래 스스로 지님일세	人人本自有
그대는 부촉함도 없는 법을 받아서	汝受無付法
긴요히 뒷날에 전하도록 하여라	急着傳於後

제63조　청허 휴정 전법선사

참성품은 본래에 성품이라 할 것 없고	眞性本無性
참법은 본래에 법이라 할 것 없네	眞法本無法
법이니 성품이니 할 것 없음 깨달으면	了知無法性
어떠한 곳엔들 통달하지 못하랴	何處不通達

제64조　편양 언기 전법선사

법도 아니고 법 아님도 아니고	非法非非法
성품도 아니고 성품 아님도 아니며	非性非非性
마음도 아니고 마음 아님도 아님이	非心非非心
그대에게 부촉하는 궁극의 마음법일세	付汝心法竟

제65조　풍담 의심 전법선사

부처님이 전하신 꽃 드신 종지와	師傳拈花宗
내가 미소지어 보인 도리를	示我微笑法
친히 손수 그대에게 분부하니	親手分付汝
받들어 지녀 누리에 두루하게 하라	持奉遍塵刹

제66조   월담 설제 전법선사

깨달아선 깨달은 바 없으며	得本無所得
전해서는 전함 또한 없느니라	傳亦無可傳
전함도 없는 법을 부촉함이여	今付無傳法
동서가 온통한 하늘일세	東西共一天

제67조   환성 지안 전법선사

전하거나 받을 법이 없어서	無傳無受法
전하거나 받는다는 맘도 없네	無傳無受心
부촉하나 받은 바 없는 이여	付與無受者
허공의 힘줄마저 뽑아서 끊었도다	掣斷虛空筋

제68조   호암 체정 전법선사

연류에 따른 일단사여	沿流一段事
머리도 꼬리도 필경 없네	竟無頭與尾
사자새끼인 그대에게 부촉하니	付與獅子兒
사자후 천지에 가득케 하라	哨吼滿天地

제69조   청봉 거안 전법선사

서 가리켜 동에 그림이여	指西喚作東
풍악산의 뭇 봉우리로다	楓嶽山衆峰
불조의 이러한 법을	佛祖之此法
너에게 분부하노라	分付今日汝

제70조   율봉 청고 전법선사

머리도 꼬리도 없는 도리	無頭尾道理
오늘 그대에게 전해주니	今日傳授汝
이후로 보림을 잘 하여서	此後善保任
영원히 끊어짐이 없게 하라	永遠無斷絶

제71조 금허 법첨 전법선사

그믐날 근원에 돌아간다 말했으나 　晦日豫言爲還元
법신에 그 어찌 가고 옴이 있으랴 　法身何有去與來
푸른 하늘 해 있고, 못 가운데 연꽃일세 　日在靑天池中蓮
이 법을 분부하니 끊어짐이 없게 하라 　此法分付無斷絶

제72조 용암 혜언 전법선사

'연꽃이 나왔다' 하여 보인 큰 도리를 　示出蓮之大道理
다시 또 뜰 밑 나무 가리켜 보여서 　復亦指示庭下樹
후일의 크고 큰일 그대에게 부촉하니 　後日大事與咐囑
잘 지녀 보림하여 끊어짐 없게 하라 　保任善持無斷絶

제73조 영월 봉율 전법선사

사느니 죽느니 이 무슨 말들인고 　生也死也是何言
물밭엔 연꽃이고 하늘엔 해일세 　水田蓮花在天日
가없이 이러-해서 감출 수 없이 드러남 　無邊無藏露如是
오늘 네게 분부하니 끊어짐 없게 하라 　今日分付無斷絶

제74조 만화 보선 전법선사

봄산과 뜬구름을 동시에 보아라 　春山浮雲觀同時
중생들의 이익될 바 그 가운데 있느니라 　普益衆生在其中
이 가운데 도리를 이제 네게 부촉하니 　此中道理今付汝
계승해 끊임없이 번성케 할지어다 　繼承無斷爲繁盛

제75조 경허 성우 전법선사

하늘의 뜬구름이 누설한 그 도리를 　浮雲漏泄其道理
오늘날 선자에게 부촉하여 주노니 　今日咐囑與禪子
철저하게 보림하여 모범을 보임으로 　保任徹底示模範
후세에 끊어짐이 없게 할 맘, 지니게나 　後世無斷爲持心

제76조　만공 월면 전법선사

구름과 달, 산과 계곡이라, 곳곳에서 같음이여	雲月溪山處處同
선가의 나의 제자 수산의 큰 가풍일세	叟山禪子大家風
은근히 무문인을 그대에게 분부하니	慇懃分付無文印
이 기틀의 방편이 활안 중에 있노라	一段機權活眼中

제77조　전강 영신 전법선사

불조도 전한 바 없어서	佛祖未曾傳
나 또한 얻은 바 없음을…	我亦無所得
가을빛 저물어 가는 날에	此日秋色暮
뒷산의 원숭이가 울고 있네	猿嘯在後峰

제78대　농선 대원 전법선사

부처와 조사도 일찍이 전한 것이 아니거늘	佛祖未曾傳
나 또한 어찌 받았다 하며 준다 할 것인가	我亦何受授
이 법이 2천년대에 이르러서	此法二千年
널리 천하 사람을 제도하리라	廣度天下人

부처님으로부터 직계로 내려온 불조정맥 제78대 농선 대원 선사님

농선 대원 전법선사의 3대 서원

오로지 정법만을 깨닫기 서원합니다.
입을 열면 정법만을 설하기 서원합니다.
중생이 다하는 그날까지 교화하기 서원합니다.

성불사 국제정맥선원 대웅전

성불사 국제정맥선원은

농선 대원 선사님께서 주석하시는 곳으로

대원 선사님의 지도하에 비구스님들이

직접 지은 도량이다.

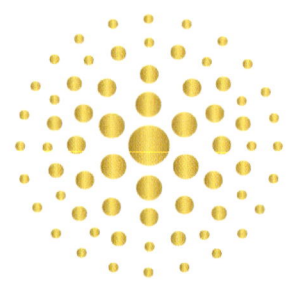

불교 8대 선언문

불교는 자신에게서 영생을 발견하게 한 유일한 종교이다.
불교는 자신에게서 모든 지혜를 발견하게 한 유일한 종교이다.
불교는 자신에게서 모든 능력을 발견하게 한 유일한 종교이다.
불교는 자신에게서 모든 것을 이루게 한 유일한 종교이다.
불교는 자신에게서 극락을 발견하게 한 유일한 종교이다.
불교는 깨달으면 차별 없어 평등하다는 유일한 종교이다.
불교는 모든 억압 없이 자신감을 갖게 한 유일한 종교이다.
불교는 그러므로 온 누리에 영원할 만인의 종교이다.

농선 대원 전법선사 주창

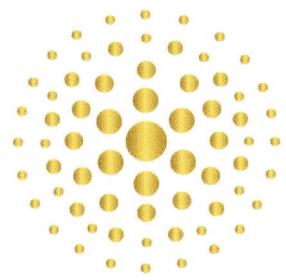

전세계의 불교계에서 통일시켜야 할 일

경전의 말씀대로 32상과 80종호를 갖춘 불상으로 통일해야 한다.

예불 드리는 법을 통일해야 한다.

불공의식을 통일해야 한다.

농선 대원 전법선사 주창

농선 대원 선사의 전등록 발간의 의의

　선문(禪文)이란 말 밖의 말로 마음을 바로 가리켜 깨닫게 하여 그 깨달은 마음 바탕에서 닦아 불지(佛地)에 이르게 하는 문(門)이다. 그러기에 지식이나 알음알이로는 헤아려 알 수 없는 것이어서 깨달아 증득하여 일체종지(一切種智)를 이룬 이가 아니고는 그 요지를 바로 보아 이끌어 줄 수 없다.

　지금 불교의 현실이 대본산 강원조차 이런 안목으로 이끌어 주는 선지식이 없어서 선종(禪宗) 최고의 공안집인 '전등록', '선문염송' 강의가 모두 폐강된 상황이다.
　이에 대원 선사님께서는 불조(佛祖)의 요지가 말이나 글에 떨어져 생사해탈의 길이 단절되는 것을 염려하여 깨달음의 법을 선리(禪理)에 맞게 바로 잡는 역경 작업에 혼신을 다하고 계신다.

　대원 선사님께서는 19세에 선운사 도솔암에서 활연대오한 후, 대선지식과의 법거량에서 한 치의 주저함도 없이 명쾌하게 응대하시니 당시 12대 선지식들께서 탄복해 마지않으셨다. 경봉 선사님과 조계종 지혜제일 전강 선사님과의 문답만을 보더라도 취모검과 같은 대원 선사님의 선지를 엿볼 수 있다.

맨 처음 통도사 경봉 선사님을 찾아뵈었을 때, 마침 늦가을 감나무에서 감을 따고 계신 경봉 선사님을 보자 감나무 주위를 한 번 돌고 서 있으니, 경봉 선사님께서 물으셨다.

"어디서 왔는가?"
"호남에서 왔습니다."
"무엇을 공부했는가?"
"선을 공부했습니다."
"무엇이 선이냐?"
"감이 붉습니다."
"네가 불법을 아는가?"
"알면 불법이 아닙니다."

위의 문답이 있은 후 경봉 선사님께서는 해제 법문을 대원 선사님께 맡기셨으나 대원 선사님께서는 아직 그럴 때가 아니라 여겨져 그 이튿날인 해제일 새벽 직전에 통도사를 떠나와 버리셨다.

또 광주 동광사에서 처음 전강 선사님을 뵈었을 때, 20대 초면의 젊은 승려인 대원 선사님께 전강 선사님께서 대뜸 '달마불식 도리'를 일러보라 하셨다. 대원 선사님께서 아무 말없이 다가가 전강 선사님의 목에 있는 점 위의 털을 뽑아 버리고 종무소로 가니, 전강 선사님께서 "여기 사람 죽이는 놈이 있다."하며 종무소까지 따라오다 방장실로 돌아가셨다.

그 이후 대원 선사님께서 군산 은적사에서 전강 선사님을 시봉하며 모시고 계실 때, 전강 선사님께서 또 물으셨다.

"공적의 영지를 일러라."

"이러-히 스님과 대담합니다."

"영지의 공적을 일러라."

"스님과 대담에 이러-합니다."

"이러-한 경지를 일러라."

"명왕은 어상을 내리지 않고 천하일에 밝습니다."

대원 선사님의 답에 전강 선사님께서는 희색이 만면해서 고개를 끄덕이며 당신 처소로 돌아가셨다.

이에 그치지 않고 전강 선사님께서 대구 동화사 조실로 계실 때, 대원 선사님께 말씀하셨다.

"대중들이 자네를 산으로 불러내어 그 중에 법성(조계종 종정 진제 스님)이 달마불식 도리를 일러보라 했을 때 '드러났다'라고 답했다는데, 만약에 자네가 양무제였다면 '모르오'라고 이르고 있는 달마 대사에게 어떻게 했겠는가?"

"제가 양무제였다면 '성인이라 함도 설 수 없으나 이러-히 짐의 덕화와 함께 어우러짐이 더욱 좋지 않겠습니까?'하며 달마 대사의 손을 잡아 일으켰을 것입니다."

그러자 전강 선사님께서 탄복하며 말씀하셨다.

"어느새 그 경지에 이르렀는가?"

"이르렀다곤들 어찌하며 갖추었다곤들 어찌하며 본래라곤들 어찌하리까? 오직 이러-할 뿐인데 말입니다."

대원 선사님의 대답에 전강 선사님께서 크게 기뻐하셨다.

이와 같이 대원 선사님께서는 20대 초반에 이미 어떤 선지식의 물음에도 전광석화와 같이 답하셨으며 그 법을 씀이 새의 길처럼 흔적 없는 가운데 자유자재하셨다.

깨달음의 방편에 있어서는 육조 대사께서 마주 앉은 자리에서 사람들을 깨닫게 하셨듯이, 제자들을 제접해 직지인심(直指人心)으로 스스로의 마음에 사무쳐 들게 하여 근기에 따라 보림해 갈 수 있도록 이끌어주시니, 꺼져가는 정법의 기치를 바로 일으켜 세움이라 하겠다.

또한 선지식이라면 이변(理邊)에서 뿐만이 아니라 사변(事邊)에서도 먼 안목으로 인류가 무엇을 어떻게 대비하며 살아가야 할지를 예언하고 이끌어 주어야 한다고 하셨다.

그래서 1962년부터 주창하시기를, 전 세계가 21세기를 '사막 경영의 시대'로 삼아 사막화된 지역에 '사막 해수로 사업'을 하여 원하는 지역의 기후를 조절해야 하고, 자원을 소모하는 발전소 대신 파도, 태양열, 풍력 등의 대체 에너지와 무한 원동기를 개발해야 한다고 하셨다. 또, 도로를 발전소화하여 전기를 생산하는 방법 등을 구체적으로 제안하시고, 천재지변을 대비하여 각자의 집에서 농사를 짓는 '울안의 농법'을 연구하시는 등 만인이 더 나은 삶을 살 수 있는 길을 끊임없이 일러 주고 계신다.

　이와 같이 대원 선사님께서는 일체종지를 이룬 지혜로, '참나를 깨달아 마음이 내가 된 삶'을 위한 깨달음의 법으로부터 닥쳐오는 재난을 막고 지구를 가장 살기 좋은 세상으로 만드는 방편까지 늘 그 방향을 제시하고 계신다.

　한편, 불교의 최고 경전인 '화엄경 81권'을 완간하여 불보살님의 불가사의한 화엄세계를 열어 보이셨으며, 선문 최대의 공안집인 '선문염송 30권' 1,463칙에 대하여 석가모니 부처님 이래 최초로 전 공안을 맑은 물 밑바닥 보듯이 회통쳐 출간하셨다.
　이제 대원 선사님께서는 7불과 역대 조사들의 깨달음의 진수가 담긴 '전등록 30권'을 그런 혜안(慧眼)으로 조사마다 선리의 토끼뿔을 더해 닦아 증득할 수 있도록 밝혀 보이셨다. 그리하여 생사윤회길을 헤매는 중생들에게 해탈의 등불이 되고자 하셨으며, 불조(佛祖)의 정법이 후세에까지 끊어지지 않게 하여 부처님 은혜에 보답하고자 하셨다.
　부처님 가신 지 오래 되어 정법은 약하고 삿된 법이 만연한 지금, 중생이 다하는 날까지 중생을 구제하기 서원하는 대원 선사님과 같은 명안종사(明眼宗師)가 계심은 불보살님의 자비광명이 이 땅에 두루한 은덕이라 하겠다.

바로보인 불법 ㊸

전傳등燈록錄

24

도서출판 문젠(구. 바로보인)은 정맥선원에서 운영하고 있습니다.

* 인제산(人濟山) 성불사(成佛寺) 국제정맥선원
  경기도 포천시 내촌면 소리개길 86-178 ☎ 031-531-8805
* 인제산(人濟山) 이문절 포천정맥선원
  경기도 포천시 내촌면 소리개길 86-123 ☎ 031-531-2433
* 백양산(白楊山) 자모사(慈母寺) 부산정맥선원
  부산시 동래구 아시아드대로 114번길 10 대륙코리아나 2층 212호 ☎ 051-503-6460
* 자모산(慈母山) 육조사(六祖寺) 청도정맥선원
  경북 청도군 매전면 동산리 산 50 ☎ 010-4543-2460
* 광암산(光巖山) 성도사(成道寺) 광주정맥선원
  광주광역시 광산구 삼도광암길 34 ☎ 062-944-4088
* 대통산(大通山) 대통사(大通寺) 해남정맥선원
  전남 해남군 화산면 송계길 132-98 중정마을 ☎ 061-536-6366

바로보인 불법 ㊸
전 등 록 24

초판 1쇄 펴낸날 단기 4354년, 불기 3048년, 서기 2021년 12월 30일

역   저 농선 대원 선사
펴 낸 곳 도서출판 문젠(Moonzen Press)
          11192, 경기도 포천시 내촌면 소리개길 86-178
          전화 031-534-3373 팩스 031-533-3387
신고번호   2010.11.24. 제2010-000004호

편집윤문출판 법심 최주희, 법운 정숙경
인디자인 전자출판 지일 박한재
한문원문대조 불장 곽병원
표 지 글 씨 춘성 박선옥
인   쇄 북크림

도서출판문젠 www.moonzenpress.com
정 맥 선 원 www.zenparadise.com
사막화방지국제연대(IUPD) www.iupd.org

ⓒ 문재현, 2021. Printed in Seoul, Republic of Korea
값 15,000원
ISBN 978-89-6870-624-0
ISBN 978-89-6870-600-4 04220(전30권)

 서 문

　전등록은 말 없는 말이며 말 밖의 말이라서 학식이나 재치만으로는 번역이 실로 불가능한 일이다. 그러기에 육조단경(六祖壇經)을 보면 법화경을 삼천 번이나 독송한 법달(法達)은 글 한 자 모르시는 육조(六祖)께 경의 뜻을 물었고, 글을 모르시는 육조께서는 법화경의 바른 뜻을 설파하셔서 법달을 깨닫게 하신 것이다.
　그런데 하루는 본인에게 법을 물으러 다니시던 부산의 목원 하상욱 본연님이 오셔서 시중에 나온 전등록 번역본 두세 가지를 보이시며 범인인 당신에게도 부처님과 조사님들의 본래 뜻에 맞지 않는 대문이 군데군데 눈에 뜨인다며 바른 의역의 필요성을 절감한다고 하셨다. 그 후로 전등록 번역을 바로 해주십사 하는 간청이 지극하여 비록 단문하나 이 일을 시작하게 되었다.
　부처님과 조사님들의 근본 뜻에 어긋남이 없게 하기 위해 노력하였으나 약속한 기간 내에 해내기란 실로 벅찬 일이어서 혹시 미비한 점이 없지 않으리니 강호 제현의 좋은 지적이 있기를 바란다.

불법(佛法)이란 본자연(本自然)이라 누가 설(說)하고 누가 듣고 배울 자리요만 그렇지 못한 이가 또한 있어서 부처님과 조사님들의 허물이 생기는 것이다.

어떤 것이 부처인고?
화분의 빨간 장미니라.

이 가운데 남전(南泉) 뜰꽃 도리(道理)며 한산(寒山) 습득(拾得)의 웃음을 누릴진저.

단기(檀紀) 4354년
불기(佛紀) 3048년
서기(西紀) 2021년

무등산인 농선 대원 분향근서
(無等山人 弄禪 大圓 焚香謹書)

양억(楊億)의 경덕전등록 서문

　석가모니께서 일찍이 연등 부처님의 수기를 받아, 현겁(賢劫)의 보처(補處)가 되어 이 땅에 탄강하시고 법을 펴서 교화하시기가 49년이었으니 방편과 진리, 돈오(頓悟)와 점수(漸修)의 문호를 여시고, 헤아릴 수 없이 많은 다양한 교법을 내려 주셨다.

　근기(根機)에 따라 진리를 깨닫게 하신 데서 삼승(三乘)의 차별이 생겼으니, 사물에 접하는 대로 중생을 이롭게 하여 한량없는 중생을 제도하셨다. 그 자비는 넓고 컸으며 그 법식(法式)은 두루 갖추어져 있었다.

　쌍림(雙林)에서 열반에 드실 때 가섭(迦葉)에게만 유촉하신 것이 차츰차츰 전하여 달마에 이르러서 비로소 문자를 세우지 않고 마음의 근원을 곧바로 보이게 되었으니, 차례를 밟지 않고 당장에 부처의 경지에 오르게 되어 다섯 잎[1]이 비로소 무성하고 천 개의 등불[2]이 더욱 찬란하여서, 보배 있는 곳에 이른 이는 더욱 많고, 법의 바퀴를 굴린 이도 하나가 아니었다.

　부처님께서 부촉하신 종지와 정법안장(正法眼藏)이 유통되는 도리는 교리 밖에서 따로 행해지는 불가사의(不可思議)한 것이다.

　태조(太祖)께서 거룩하신 무력으로 전란을 진압하신 뒤에 사찰을 숭상하여 제도의 문을 활짝 여셨고, 태종(太宗)께서 밝으신 변재로 비밀한 법을 찬술하시어 참된 이치를 높이셨으며, 황상(皇上)[3]께서 높으신 학덕으로 조사의 뜻을 이어 거룩한 가르침에 머릿말을 쓰셔 종풍(宗風)을 잇게 하시니, 구름 같은 문장이 진리의 하늘에 빛나고, 부처의 황금같은 설법

---

1) 다섯 잎 : 중국 선종의 2조 혜가로부터 6조 혜능에 이르는 다섯 조사를 말한다.
2) 천 개의 등불 : 중국에 선법(禪法)이 전해진 이후 등장한 수많은 견성도인들을 말한다.
3) 황상(皇上) : 송의 진종(眞宗)을 말한다.

이 깨달음의 동산에 펼쳐졌다.

대장경의 말씀에 비밀히 계합하고, 인도로부터의 법맥이 번창하니, 뭇 선행을 늘리는 이가 더욱 많아졌고, 요의(了義)[4]를 전하는 사람들이 간간이 나타나서 원돈(圓頓)의 교화가 이 지역에 퍼졌다.

이에 동오(東吳)의 승려인 도원(道原)이 선열(禪悅)의 경지에 마음을 모으고, 불법의 진리를 샅샅이 찾으며, 여러 세대의 조사 법맥을 찾고, 제방의 어록(語錄)을 모아 그 근원과 법맥에 차례를 달고, 말씀들을 차례차례 엮되, 과거 7불로부터 대법안(大法眼)의 문도에 이르기까지 무릇 52세대, 1,701인을 수록하여 30권으로 만들어 경덕전등록이라 하여 대궐로 가지고 와서 유포해 주기를 청하였다.

황상께서는 불법을 밖으로부터 보호하고자 하시고, 승려들의 부지런함을 가상히 여겨 마음가짐을 신중히 하고 생각을 원대히 하여 좌사간(左司諫) 지제고(知制誥) 양억(楊億)과 병부원외랑(兵部員外郞) 지제고(知制誥) 이유(李維)와 태상승(太常丞) 왕서(王曙) 등을 불러 교정케 하시니, 신(臣) 등은 우매하여 삼학(三學)[5]의 근본 뜻을 모르고 5성(五性)[6]의 방편에 어두우며, 훌륭한 번역 솜씨도 없고, 비야리 성에서 보인 유마 거사의 묵연(默然) 도리[7]에도 둔하건만 공손히 지엄하신 하명(下命)을 받들어 감히 끝내 사양하지 못하였다.

그 저술된 내용을 두루 살펴보면 대체로 진공(眞空)[8]으로써 근본을 삼고 있고, 옛 성인께서 도에 들던 인연을 서술할 때나 옛 사람이 진리를 깨달은 이야기를 표현할 때엔 근기와 인연의 계합함이 마치 활쏘기와 칼쓰

---

4) 요의(了義) : 일을 다 마친 도리. 깨달아서 깨달음마저 두지 않는 경지를 말한다.
5) 삼학(三學) : 계(戒), 정(定), 혜(慧).
6) 5성(五性) : 법상종의 용어. 일체중생의 근기를 다섯 성품으로 나누어서 성불할 근기와 성불하지 못할 근기로 나누었다.
7) 유마 거사의 묵연 도리 : 유마 거사가 비야리성에서 그를 문병하러 온 문수보살과 법담을 할 때 잠자코 말이 없음으로 불이(不二)의 도리를 드러내 보인 일을 말한다.
8) 진공(眞空) : 색(色)이니 공(空)이니를 초월해서 누리는 경지.

기가 알맞는 것 같아 지혜가 갖추어진 데서 광명을 내어, 채찍 그림자만 보고도 달리는 말과 같은 상근기자(上根機者)들에게 널리 도움이 되고 있다.

후학(後學)들을 인도함에는 현묘한 진리를 드날리고 있고, 다른 이야기를 가져올 때에는 출처를 밝히고 있으며, 다듬어지지 않은 부분도 많으나 훌륭한 부분도 찾아볼 수 있었다. 모든 대사들이 대중에게 도리를 보일 때에 한결같은 소리로 펼쳐 보이고 있으니 영특한 이가 귀를 기울여 듣는다면 무수한 성인들이 증명한다 할 것이다. 개괄해서 들추어도 그것이 바탕이어서 한군데만 취해도 그대로가 옳다.

만일 별달리 더 붓을 댄다면 그 돌아갈 뜻을 잃을 것이다. 중국과 인도에서의 말이 이미 다르지 않은데 자칫하면 구슬에다 무늬를 새기려다 보배에 흠집을 낼 우려가 있기에, 이런 종류는 모두 그대로 두었다. 더욱이 일은 실제로 행한 것만을 취해 기록하여 틀림없이 잘 서술했으나 말이란 오래도록 남아 전해지는 까닭에 전혀 문장을 다듬지 않을 수는 없었다.

어떤 사연을 기록할 때엔 그 자취를 자세히 하였고 말이 복잡해지거나 이야기가 저속한 것이 있으면 모두 삭제하되 문맥이 통하게 하였다.

유교(儒敎)의 대신이나 거사(居士)의 문답에 이르러 벼슬자리와 성씨가 드러난 이는 연대와 역사에 비추어 잘못을 밝히고, 사적(史籍)에 따라 틀린 점을 바로잡아 믿을 만한 전기가 되게 하였다.

만일 바늘을 던져 맞추듯 한 치의 어긋남 없이 도리를 밝히는 일이 아니거나, 번갯불이 치듯 빠른 기틀을 내보이는 일이 아니거나, 묘하게 밝은 참 마음을 보이는 일이 아니거나, 고(苦)와 공(空)의 깊은 이치를 조사(祖師)의 뜻 그대로 기술(記述)하는 일이 아니라면, 어떻게 등불을 전한다는 전등(傳燈)이라는 비유에 계합(契合)하는 그 극진한 공덕을 베풀 수 있었겠는가?

만일 감응(感應)한 징조만을 서술하거나 참문하고 행각한 자취만을 기록한다 할 것 같으면 이는 이미 승사(僧史)에 밝혀져 있는 것이니, 어찌서 선가(禪家)의 말씀을 굳이 취하겠는가? 세대와 계보의 명칭을 남긴 것만이 아니라 스승과 제자가 이어지는 근거를 널리 기록하였다.

  그러나 옛날 책에 실린 것을 보면 잘 다듬어지지 않은 내용을 수록하고 잘 다듬어진 것은 버린 일이 있는데, 다른 기록에 남아 있으면 해당하는 문장을 찾아 보완하고, 더욱 널리 찾아서 덧붙이기도 하였다. 또한 서문과 논설에 이르러 혹 옛 조사(祖師)의 문장이 아닌 것이 사이사이 섞이어 공연히 군소리가 되었으면 모두 간추려서 다 깎아버렸으니, 이같이 하여 1년 만에 일이 끝났다.

  저희 신(臣)들은 성품과 식견이 우둔하고, 학문이 넓지 못하고, 기틀이 본래 얕고, 문장력은 부족하여 묘한 도리가 사람에게 달렸다고는 하나 마음에서 떠난 지 오래되고 깊은 진리를 나타내는 말이 세속에서 단절되어, 담벽을 마주한 듯 갑갑하게 지낸 적이 많았다. 과분하게도 추천해 주시는 은혜를 받았으나 아무 힘도 발휘하지 못했다. 편찬하는 일이 이미 끝났으므로 이를 임금님께 바친다. 그러나 임금님의 뜻에 맞지 않아, 임금님께서 거룩히 살펴보시는 데에 공연히 누만 끼치는 것이 아닌가 한다. 삼가 바친다.

한림학사조산대부행좌사간지제고동
수국사판사관사주국남양군개국후식읍
1천백호사자금어대신 양억 지음

景德傳燈錄序 昔釋迦文。以受然燈之夙記當賢劫之次補。降神演化四十九年。開權實頓漸之門。垂半滿偏圓之教。隨機悟理。爰有三乘之差。接物利生。乃度無邊之眾。其悲濟廣大矣。其軌式備具矣。而雙林入滅。獨顧於飲光。屈眴相傳。首從於達磨。不立文字直指心源。不踐楷梯徑登佛地。逮五葉而始盛。分千燈而益繁。達寶所者蓋多。轉法輪者非一。蓋大雄付囑之旨。正眼流通之道。教外別行不可思議者也。

聖宋啟運人靈幽贊。太祖以神武戡亂。而崇淨刹。闢度門。太宗以欽明禦辯。而述祕詮。暢真諦。皇上睿文繼志而序聖教繹宗風。煥雲章於義天。振金聲於覺苑。蓮藏之言密契。竺乾之緒克昌。殖眾善者滋多。傳了義者間出。圓頓之化流於區域。有東吳僧道原者。冥心禪悅。索隱空宗。披弈世之祖圖。采諸方之語錄。次序其源派。錯綜其辭句。由七佛以至大法眼之嗣。凡五十二世。一千七百一人。成三十卷。目之曰景德傳燈錄。詣闕奉進冀於流布。

皇上爲佛法之外護。嘉釋子之勤業。載懷重慎。思致悠久。乃詔翰林學士左司諫知制誥臣楊億。兵部員外郎知制誥臣李維。太常丞臣王曙等。同加刊削。俾之裁定。臣等眛三學之旨迷五性之方。乏臨川翻譯之能。懵毘邪語默之要。恭承嚴命。不敢牢讓。竊用探索匪遑寧居。考其論譔之意。蓋以真空爲本。將以述曩聖入道之因。標昔人契理之說。機緣交激。若拄於箭鋒。智藏發光。旁資於鞭影。

誘道後學。敷暢玄猷。而捃摭之來。徵引所出。糟粕多在。油素可尋。其有大士。示徒。以一音而開演。含靈聳聽。乃千聖之證明。屬概舉之是資。取少分而斯可。若乃別加潤色失其指歸。既非華竺之殊言。頗近錯雕之傷寶。如此之類悉仍其舊。況又事資紀實。必由於善敘。言以行遠。非可以無文。其有標錄事緣。縷詳軌跡。或辭條之紛糾。或言筌之猥俗。並從刊削。俾之編貫。

至有儒臣居士之問答。爵位姓氏之著明。校歲歷以愆殊。約史籍而差謬。鹹用刪去。以資傳信。自非啟投針之玄趣。馳激電之迅機。開示妙明之真心。祖述苦空之深理。即何以契傳燈之喻。施刮膜之功。若乃但述感應之徵符。專敘參遊之轍跡。此已標於僧史。亦奚取於禪詮。聊存世系之名。庶紀師承之自然而舊錄所載。或掇粗而遺精。別集具存。當尋文而補闕。率加采撷。爰從附益。逮於序論之作。或非古德之文。問廁編聯徒增楦釀（楦釀二字出唐張燕公文集。謂冗長也）亦用簡別多所屏去。汔茲周歲方遂終篇。臣等性識媿於冥煩。學問慚於涉獵。天機素淺。文力無餘。妙道在人。雖刻心而斯久。玄言絕俗。固牆面以居多。濫膺推擇之私。靡著發揮之效。已克終於紬繹。將仰奉於清閒。莫副宸襟空塵睿覽。謹上。

翰林學士朝散大夫行左司諫知制誥同
修國史判史館事柱國南陽郡開國侯食邑
一千百戶賜紫金魚袋臣楊億 撰

승려 희위(希渭)의 경덕전등록 재발간사

호주로(湖州路) 도량산(道場山) 호성만세선사(護聖萬歲禪寺)의 늙은 중 희위(希渭)는 본관이 경원로(慶元路) 창국주(昌國州)이며 성은 동(董)씨다.

어릴 때부터 고향의 성에 있는 관음선사(觀音禪寺)에 가서 절조(絶照) 화상을 스승으로 삼았고, 법명(法名)을 받게 되어 자계현(慈溪懸) 개수(開壽)의 보광선사(普光禪寺)에 가서 용원(龍源) 화상에 의해 머리를 깎고 중이 되었다.

그대로 오대율사(五臺律寺)로 가서 설애(雪涯) 화상에게 구족계를 받은 뒤에 짐을 꾸려 서쪽으로 향해 행각을 떠나 수행을 하다가 나중에 다시 은사이신 용원 화상을 만나 이 산으로 옮겨 왔다.

스승을 따라 배움에 참여하고 이로움을 구한 지 벌써 여러 해가 되었다. 항상 스승의 은혜를 생각하면서도 갚을 기회가 없었다. 그런데 삼가 윗대로부터의 부처와 조사들을 수록한 경덕전등록 30권을 보니 7불로부터 법안(法眼)의 법사(法嗣)에 이르기까지 전부 52세대(世代)인데, 경덕(景德)에서 연우(延祐) 병진년에 이르기까지 317년이나 지나서 옛 판본이 다 썩어버려 남아있지 않기 때문에 후학들이 보고 싶어도 볼 수가 없었다. 이에 발심하여 다시 간행한다.

홀연히 내 고향에 있는 천성선사(天聖禪寺)의 송려(松廬) 화상이 소장하고 있던, 여산(廬山)의 은암(隱庵)에서 찍은 옛 책이 가장 보존이 잘 된 상태로 입수되었는데, 아주 내 마음에 들었다. 마침내 병진(丙辰)년 정월 10일에 의발 등속을 모두 팔아 1만 2천여 냥을 얻었다. 그날 당장에 공인(工人)에게 간행할 것을 명하여 조사의 도리가 세상에 유포되게 하였다. 이 책은 모두 36만 7천 9백 17자이다. 그해 음력 12월 1일에야 공인의 작업이 끝났다.

당장에 300부를 인쇄하여 전당강(錢塘江) 남북지역과 안중(安衆)지역[9]의 여러 명산(名山)의 방장(方丈)[10]과 몽당(蒙堂)[11]과 여러 요사(寮舍)[12]에 한 부씩을 비치케 하여 온 세상의 도를 분변(分辨)하는 참선납자(參禪衲子)들이 참구하기에 편하도록 하였다. 이를 잘 이용하여 사은(四恩)[13]을 갚고 아울러 삼유(三有)의 중생[14]에게도 도움이 되기 바란다.

      대원(大元) 연우(延祐) 3년[15] 음력 12월 1일
      늙은 중 희위(希渭)가 삼가 쓰고
      젊은 비구 문아(文雅)가 간행을 감독하고
      주지 비구 사순(士洵)이 간행하다.

---

9) 두 지역은 희위 스님의 고향인 호주(湖州)와 비교적 인접한 지역들이다.
10) 방장(方丈) : 절의 주지가 거처하는 방. 지금은 견성한 이가 아니더라도 주지를 맡고 있으나 그 당시에는 견성한 도인이라야 그 절의 주지를 맡았다. 따라서 방장에는 대체로 법이 높은 스님이 기거하는 경우가 대부분이었다.
11) 몽당(蒙堂) : 승사(僧寺)의 일에서 물러난 사람이 거처하는 방.
12) 요사(寮舍) : 절에서 대중이 숙식하는 방.
13) 사은(四恩) : 보시(布施), 자애(慈愛), 화도(化導), 공환(共歡)의 네가지 시은(施恩), 또는 부모(父母), 중생(衆生), 국왕(國王), 삼보(三寶)의 네가지 지은(知恩).
14) 삼유(三有)의 중생 : 욕계(慾界), 색계(色界), 무색계(無色界)의 삼계(三界)를 유전하는 미혹한 중생.
15) 서기 1316년.

차 례

서 문 35
양억(楊億)의 경덕전등록 서문 37
승려 희위(希渭)의 경덕전등록 재발간사 42
일러두기 50
24권 법계보 51

청원(青原) 행사(行思) 선사의 8세 법손(法孫) 59

길주(吉州) 청원산(青原山) 행사(行思) 선사의 제8세
앞의 장주(漳州) 나한원(羅漢院) 계침(桂琛) 선사의 법손 61
    금릉(金陵) 청량원(清涼院) 문익(文益) 선사 61
    양주(襄州) 청계산(清谿山) 홍진(洪進) 선사 91
    승주(昇州) 청량원(清涼院) 휴복(休復) 오공(悟空) 선사 95

무주(撫州) 용제산주(龍濟山主) 소수(紹修) 선사 104
　　항주(杭州) 천룡사(天龍寺) 수(秀) 선사 114
　　노주(潞州) 연경원(延慶院) 전은(傳殷) 선사 117
　　형악(衡嶽) 남대(南臺) 수안(守安) 선사 119

앞의 복주(福州) 선종(僊宗) 계부(契符) 청법(清法) 대사의 법손 122
　　복주(福州) 선종(僊宗) 동명(洞明) 진각(眞覺) 대사 122
　　천주(泉州) 복청(福清) 광법(廣法) 행흠(行欽) 대사 124

앞의 항주(杭州) 천룡(天龍) 중기(重機) 대사의 법손 129
　　고려(高麗) 설악(雪嶽) 영광(令光) 선사 129

앞의 무주(婺州) 국태(國泰) 도(瑫) 선사의 법손 131
　　무주(婺州) 제운(齊雲) 보승(寶勝) 선사 131

앞의 복주(福州) 승산(昇山) 백룡원(白龍院) 도희(道希) 선사의 법손 134
　　복주(福州) 광평(廣平) 현지(玄旨) 선사 134
　　복주(福州) 승산(昇山) 백룡(白龍) 청모(清慕) 선사 138
　　복주(福州) 영봉(靈峯) 지은(志恩) 선사 140
　　복주(福州) 동선(東禪) 현량(玄亮) 선사 143
　　장주(漳州) 보구원(報劬院) 현응(玄應) 정혜(定慧) 선사 145

앞의 천주(泉州) 초경(招慶) 법인(法因) 대사의 법손 150
　　천주(泉州) 보은원(報恩院) 종현(宗顯) 명혜(明慧) 대사 150

금릉(金陵) 용광원(龍光院) 징개(澄忊) 선사 156
영흥(永興) 북원(北院) 가휴(可休) 선사(제2세 주지) 159
침주(郴州) 태평원(太平院) 청해(清海) 선사 161
연주(連州) 자운(慈雲) 보광(普廣) 혜심(慧深) 대사 163
영주(郢州) 흥양산(興陽山) 도흠(道欽) 선사(제2세 주지) 165

앞의 무주(婺州) 보은(報恩) 보자(寶資) 선사의 법손 167
처주(處州) 복림(福林) 징(澄) 화상 167

앞의 처주(處州) 취봉(翠峯) 종흔(從欣) 선사의 법손 170
처주(處州) 보은(報恩) 수진(守眞) 선사 170

앞의 양주(襄州) 취령(鷲嶺) 명원(明遠) 선사의 법손 172
양주(襄州) 취령(鷲嶺) 통(通) 화상(제2세 주지) 172

앞의 항주(杭州) 용화사(龍華寺) 지구(志球) 선사의 법손 174
항주(杭州) 인왕원(仁王院) 준(俊) 선사 174

앞의 장주(漳州) 보복원(保福院) 가주(可儔) 선사의 법손 177
장주(漳州) 융수(隆壽) 무일(無逸) 선사 177

앞의 담주(潭州) 연수사(延壽寺) 혜륜(慧輪) 선사의 법손 180
여산(廬山) 귀종(歸宗) 도전(道詮) 선사(제12세 주지) 180
담주(潭州) 용흥(龍興) 유(裕) 선사 187

앞의 소주(韶州) 백운(白雲) 상(祥) 화상의 법손 189

　소주(韶州) 대력(大歷) 화상　189
　연주(連州) 보화(寶華) 화상　192
　소주(韶州) 월화(月華) 화상　197
　남웅주(南雄州) 지장(地藏) 화상　201
　영주(英州) 낙정(樂淨) 함광(含匡) 선사　203
　소주(韶州) 후(後) 백운(白雲) 화상　208

앞의 낭주(朗州) 덕산(德山) 연밀(緣密) 대사의 법손 212

　담주(潭州) 녹원(鹿苑) 문습(文襲) 선사　212
　예주(澧州) 약산(藥山) 가경(可瓊) 선사(제9세 주지)　214

앞의 서천(西川) 청성(靑城) 향림(香林) 징원(澄遠) 선사의 법손 216

　관주(灌州) 나한(羅漢) 화상　216

앞의 악주(鄂州) 황룡(黃龍) 회기(晦機) 선사의 법손 219

　낙경(洛京) 장수(長水) 자개(紫蓋) 선소(善沼) 선사　219
　미주(眉州) 황룡(黃龍) 계달(繼達) 선사　221
　조수(棗樹) 화상(제2세 주지)　223
　흥원부(興元府) 현도산(玄都山) 징(澄) 화상　226
　가주(嘉州) 흑수(黑水) 화상　228
　악주(鄂州) 황룡(黃龍) 지옹(知顒) 선사(제3세 주지)　230
　미주(眉州) 복창(福昌) 달(達) 화상　232

앞의 무주(婺州) 명초(明招) 덕겸(德謙) 선사의 법손 235
    처주(處州) 보은(報恩) 계종(契從) 선사 235
    무주(婺州) 보조(普照) 유(瑜) 화상 239
    무주(婺州) 쌍계(雙谿) 보초(保初) 선사 242
    처주(處州) 용전(涌泉) 구(究) 화상 244
    구주(衢州) 나한(羅漢) 의(義) 화상 247

앞의 낭주(朗州) 대룡산(大龍山) 지홍(智洪) 선사의 법손 249
    대룡산(大龍山) 경여(景如) 선사(제2세 주지) 249
    낭주(朗州) 대룡산(大龍山) 초훈(楚勛) 선사(제4세 주지) 252
    흥원부(興元府) 보통원(普通院) 종선(從善) 선사 255

앞의 양주(襄州) 백마(白馬) 행애(行靄) 선사의 법손 257
    양주(襄州) 백마(白馬) 지륜(智倫) 선사 257

앞의 안주(安州) 백조산(白兆山) 제2세 회초(懷楚) 선사의 법손 259
    당주(唐州) 보수(保壽) 광우(匡祐) 선사 259

앞의 양주(襄州) 곡은(谷隱) 지정(智靜) 선사의 법손 262
    곡은(谷隱) 지엄(知儼) 선사 262
    양주(襄州) 보녕원(普寧院) 법현(法顯) 선사 265

앞의 여산(廬山) 귀종(歸宗) 제4세 홍장(弘章) 선사의 법손 267
    동경(東京) 보정원(普淨院) 상각(常覺) 선사 267

앞의 양주(襄州) 석문산(石門山) 제3세 혜철(慧徹) 선사의 법손 272
  석문산(石門山) 소원(紹遠) 선사(제4세 주지) 272
  악주(鄂州) 영죽(靈竹) 수진(守珍) 선사 277

앞의 홍주(洪州) 동안(同安) 지(志) 화상의 법손 279
  낭주(朗州) 양산(梁山) 연관(緣觀) 선사 279

앞의 양주(襄州) 광덕(廣德) 제2세 연(延) 화상의 법손 285
  양주(襄州) 광덕(廣德) 주(周) 선사 285

색인표 289

부록1 농선 대원 선사님 인가 내력 299
부록2 농선 대원 선사님 법어 307
부록3 21세기에 인류가 해야 할 일 323
부록4 가슴으로 부르는 불심의 노래 327

일러두기

1. 대만에서 펴낸 『경덕전등록(景德傳燈錄)』(宋釋道原 編, 新文豐出版公司, 民國 75년, 1986년)에 의거해서 번역했으며 누락된 부분 없이 완역하였다.
2. 농선 대원 선사가 각 선사장마다 선리의 토끼뿔을 더하여 닦아 증득하는 데 도움이 되도록 하였다.
3. 뜻이 통하지 않는데도 오자가 아닐 때는 옛 한문 사전에서 그 조사 당시에 그 글자가 어떻게 쓰였는가를 찾아 번역하였다. 예를 들어 '還'자가 돌아올 '환'으로가 아니라 영위할 '영'으로 쓰여 뜻이 통한 경우에는 '영위하다' '누리다'로 의역하였다.
4. 선사들의 생몰연대는 여러 기록된 내용이 일치하지 않거나 미상으로 되어 있는 바가 많아, 각 선사 당시의 나라와 왕의 연대, 불교의 상황 등을 역사학자들이 전문적으로 연구하여 밝혀야 할 부분이 있기에, 이 책에서는 여러 자료와 연구 결과가 일치된 내용만을 주에서 표기하였다.
5. 첨가한 주의 내용은 불교에 대한 지식이 없는 이들도 선문답을 참구해 가는데 도움이 되도록 간략하게 달았으며, 주의 내용에 따라서는 사전적인 뜻보다는 선리(禪理)로서 그 뜻을 밝혀 마음에 비추어 참구할 수 있도록 하였다.

24권 법계보

길주(吉州) 청원산(靑原山) 행사(行思) 선사의 제8세 74인

장주(漳州) 나한원(羅漢院) 계침(桂琛) 선사의 법손 7인
- 금릉(金陵) 청량원(淸涼院) 문익(文益) 선사
- 양주(襄州) 청계산(淸谿山) 홍진(洪進) 선사
- 금릉(金陵) 청량원(淸涼院) 휴복(休復) 오공(悟空) 선사
- 무주(撫州) 용제산주(龍濟山主) 소수(紹修) 선사
- 항주(杭州) 천룡사(天龍寺) 수(秀) 선사
- 노주(潞州) 연경원(延慶院) 전은(傳殷) 선사
- 형악(衡嶽) 남대(南臺) 수안(守安) 선사
  (이상 7인은 본문에 기록되어 있다. 원주)

복주(福州) 선종(僊宗) 계부(契符) 청법(淸法) 대사의 법손 2인
- 복주(福州) 선종(僊宗) 동명(洞明) 진각(眞覺) 대사
- 천주(泉州) 복청(福淸) 광법(廣法) 대사 행흠(行欽)
  (이상 2인은 본문에 기록되어 있다. 원주)

항주(杭州) 천룡(天龍) 중기(重機) 대사의 법손 1인
- 고려(高麗) 설악(雪嶽) 영광(令光) 선사
  (이상 1인은 본문에 기록되어 있다. 원주)

24권 법계보

무주(婺州) 국태(國泰) 도(瑫) 선사의 법손 1인
- 무주(婺州) 제운(齊雲) 보승(寶勝) 선사

    (이상 1인은 본문에 기록되어 있다. 원주)

복주(福州) 승산(昇山) 백룡원(白龍院) 도희(道希) 선사의 법손 5인
- 복주(福州) 광평(廣平) 현지(玄旨) 선사
- 복주(福州) 승산(昇山) 백룡(白龍) 청모(淸慕) 선사
- 복주(福州) 영봉(靈峯) 지은(志恩) 선사
- 복주(福州) 동선(東禪) 현량(玄亮) 선사
- 장주(漳州) 보구원(報劬院) 현응(玄應) 정혜(定慧) 선사

    (이상 5인은 본문에 기록되어 있다. 원주)

천주(泉州) 초경(招慶) 법인(法因) 대사의 법손 7인
- 천주(泉州) 보은원(報恩院) 종현(宗顯) 명혜(明慧) 대사
- 금릉(金陵) 용광원(龍光院) 징개(澄忾) 선사
- 영흥(永興) 북원(北院) 가휴(可休) 선사(제2세 주지)
- 침주(郴州) 태평원(太平院) 청해(淸海) 선사
- 연주(連州) 자운(慈雲) 보광(普廣) 대사 혜심(慧深)
- 영주(郢州) 흥양산(興陽山) 도흠(道欽) 선사(제2세 주지)

    (이상 6인은 본문에 기록되어 있다. 원주)

- 장주(漳州) 보복(保福) 청계(淸谿) 선사

24권 법계보

(이상 1인은 본문에 기록되어 있지 않다. 원주)

무주(婺州) 보은(報恩) 보자(寶資) 선사의 법손 1인
- 처주(處州) 복림(福林) 징(澄) 화상

(이상 1인은 본문에 기록되어 있다. 원주)

처주(處州) 취봉(翠峯) 종흔(從欣) 선사의 법손 1인
- 처주(處州) 보은(報恩) 수진(守眞) 선사

양주(襄州) 취령(鷲嶺) 명원(明遠) 선사의 법손 1인
- 양주(襄州) 취령(鷲嶺) 통(通) 화상(제2세 주지)

(이상 1인은 본문에 기록되어 있다. 원주)

항주(杭州) 용화사(龍華寺) 지구(志球) 선사의 법손 1인
- 항주(杭州) 인왕원(仁王院) 준(俊) 선사

(이상 1인은 본문에 기록되어 있다. 원주)

장주(漳州) 보복원(保福院) 가주(可儔) 선사의 법손 1인
- 장주(漳州) 융수(隆壽) 무일(無逸) 선사

(이상 1인은 본문에 기록되어 있다. 원주)

24권 법계보

담주(潭州) 연수사(延壽寺) 혜륜(慧輪) 선사의 법손 2인
- 여산(廬山) 귀종(歸宗) 도전(道詮) 선사(제12세 주지)
- 담주(潭州) 용흥(龍興) 유(裕) 선사
  (이상 2인은 본문에 기록되어 있다. 원주)

소주(韶州) 백운(白雲) 상(祥) 화상의 법손 6인
- 소주(韶州) 대력(大歷) 화상
- 연주(連州) 보화(寶華) 화상
- 소주(韶州) 월화(月華) 화상
- 남웅주(南雄州) 지장(地藏) 화상
- 영주(英州) 낙정(樂淨) 함광(含匡) 선사
- 소주(韶州) 후(後) 백운(白雲) 화상
  (이상 6인은 본문에 기록되어 있다. 원주)

낭주(朗州) 덕산(德山) 연밀(緣密) 대사의 법손 2인
- 담주(潭州) 녹원(鹿苑) 문습(文襲) 선사
- 예주(澧州) 약산(藥山) 가경(可瓊) 선사(제9세 주지)
  (이상 2인은 본문에 기록되어 있다. 원주)

서천(西川) 청성(青城) 향림(香林) 징원(澄遠) 선사의 법손 1인
- 관주(灌州) 나한(羅漢) 화상

24권 법계보

(이상 1인은 본문에 기록되어 있다. 원주)

양주(襄州) 동산(洞山) 수초(守初) 선사의 법손 1인
- 담주(潭州) 도숭(道崧) 선사

(이상 1인은 본문에 기록되어 있지 않다. 원주)

악주(鄂州) 황룡(黃龍) 회기(晦機) 선사의 법손 9인
- 낙경(洛京) 장수(長水) 자개(紫蓋) 선소(善沼) 선사
- 미주(眉州) 황룡(黃龍) 계달(繼達) 선사
- 조수(棗樹) 화상(제2세 주지)
- 흥원부(興元府) 현도산(玄都山) 징(澄) 화상
- 가주(嘉州) 흑수(黑水) 화상
- 악주(鄂州) 황룡(黃龍) 지옹(知顒) 선사(제3세 주지)
- 미주(眉州) 복창(福昌) 달(達) 화상

(이상 7인은 본문에 기록되어 있다. 원주)

- 상주(常州) 혜산(慧山) 연(然) 화상
- 홍주(洪州) 쌍령(雙嶺) 오해(悟海) 선사

(이상 2인은 본문에 기록되어 있지 않다. 원주)

무주(婺州) 명초(明招) 덕겸(德謙) 선사의 법손 6인
- 처주(處州) 보은(報恩) 계종(契從) 선사

24권 법계보

- 무주(婺州) 보조(普照) 유(瑜) 화상
- 무주(婺州) 쌍계(雙谿) 보초(保初) 선사
- 처주(處州) 용천(涌泉) 구(究) 화상
- 구주(衢州) 나한(羅漢) 의(義) 화상
  (이상 5인은 본문에 기록되어 있다. 원주)
- 복주(福州) 홍성(興聖) 조(調) 화상
  (이상 1인은 본문에 기록되어 있지 않다. 원주)

낭주(朗州) 대룡산(大龍山) 지홍(智洪) 선사의 법손 3인
- 대룡산(大龍山) 경여(景如) 선사(제2세 주지)
- 낭주(朗州) 대룡산(大龍山) 초훈(楚勛) 선사(제4세 주지)
- 흥원부(興元府) 보통원(普通院) 종선(從善) 선사
  (이상 3인은 본문에 기록되어 있다. 원주)

양주(襄州) 백마(白馬) 행애(行靄) 선사의 법손 1인
- 양주(襄州) 백마(白馬) 지륜(智倫) 선사
  (이상 1인은 본문에 기록되어 있다. 원주)

안주(安州) 백조산(白兆山) 제2세 회초(懷楚) 선사의 법손 3인
- 당주(唐州) 보수(保壽) 광우(匡祐) 선사
  (이상 1인은 본문에 기록되어 있다. 원주)

24권 법계보

- 기주(蘄州) 자남(自南) 선사
- 과주(果州) 영경원(永慶院) 계훈(繼勳) 선사
  (이상 2인은 본문에 기록되어 있지 않다. 원주)

양주(襄州) 곡은(谷隱) 지정(智靜) 선사의 법손 2인

- 곡은(谷隱) 지엄(知儼) 선사
- 양주(襄州) 보녕원(普寧院) 법현(法顯) 선사
  (이상 2인은 본문에 기록되어 있다. 원주)

여산(廬山) 귀종(歸宗) 제4세 홍장(弘章) 선사의 법손 1인

- 동경(東京) 보정원(普淨院) 상각(常覺) 선사
  (이상 1인은 본문에 기록되어 있다. 원주)

봉상부(鳳翔府) 자릉(紫陵) 미(微) 선사의 법손 2인

- 봉상부(鳳翔府) 대랑(大朗) 화상
- 담주(潭州) 신개(新開) 화상
  (이상 2인은 본문에 기록되어 있지 않다. 원주)

양주(襄州) 석문산(石門山) 제3세 혜철(慧徹) 선사의 법손 2인

- 석문산(石門山) 소원(紹遠) 선사(제4세 주지)
- 악주(鄂州) 영죽(靈竹) 수진(守珍) 선사

24권 법계보

(이상 2인은 본문에 기록되어 있다. 원주)

홍주(洪州) 동안(同安) 지(志) 화상의 법손 2인
- 낭주(朗州) 양산(梁山) 연관(緣觀) 선사
  (이상 1인은 본문에 기록되어 있다. 원주)
- 진주(陣州) 영통(靈通) 화상
  (이상 1인은 본문에 기록되어 있지 않다. 원주)

양주(襄州) 광덕(廣德) 제2세 연(延) 화상의 법손 1인
- 양주(襄州) 광덕(廣德) 주(周) 선사
  (이상 1인은 본문에 기록되어 있다. 원주)

익주(益州) 정중사(淨衆寺) 귀신(歸信) 선사의 법손 1인
- 한주(漢州) 영감산(靈龕山) 화상
  (이상 1인은 본문에 기록되어 있지 않다. 원주)

수주(隨州) 호국(護國) 지원(知遠) 선사의 법손 1인
- 동경(東京) 개보(開寶) 상보(常普) 대사
  (이상 1인은 본문에 기록되어 있지 않다. 원주)

청원(靑原) 행사(行思) 선사의
8세 법손(法孫)

길주(吉州) 청원산(靑原山) 행사(行思) 선사의 제8세
앞의 장주(漳州) 나한원(羅漢院) 계침(桂琛) 선사의 법손

금릉(金陵) 청량원(淸凉院) 문익(文益) 선사

문익 선사[1]는 여항(餘杭) 사람으로 성은 노(魯)씨이다. 7세에 신정(新定) 지통원(智通院)의 전위(全偉) 선사에 의해 머리를 깎고 출가하여 스무 살 때에 월주(越州)의 개원사(開元寺)에서 구족계를 받았다.

吉州青原山行思禪師第八世。前漳州羅漢桂琛禪師法嗣。金陵(昇州)清涼院文益禪師。餘杭人也。姓魯氏。七歲依新定智通院全偉禪師落髮。弱齡稟具於越州開元寺。

---

1) 문익 선사(885 ~ 958).

이때에 율종의 거장인 희각(希覺)이 명주(明州) 무산(鄮山)의 육왕사(育王寺)에서 성대히 교화를 펴고 있었는데, 대사는 그곳에 가서 율장을 익히고, 겸하여 유서도 탐구하여 글의 흥취 속에 잠겨 있었다. 희각이 대사를 가리켜 내 문하의 자하(子夏)와 자유(子遊) 같은 사람이라 하였다.

대사는 한 번 발한 현묘한 기틀로 인하여 온갖 일을 다 버리고, 석장을 끌고 남쪽의 복주 장경(長慶)의 법회에 참석하였다. 아직 사물에 끌리는 마음이 쉬지 않았는데, 대중이 모두 추천하므로 다시 도반과 의논하여 호외(湖外)지방으로 떠났다.

길을 떠났는데 마침 큰 비가 와서 개울이 넘치므로 잠시 성 서쪽에 있는 지장원(地藏院)에 들렀다.

이때에 계침 선사를 뵈니, 계침이 물었다.

"상좌(上座)는 어디를 가는가?"

대사가 말하였다.

"행각하고 있는 중입니다."

屬律匠希覺師盛化於明州鄮山育王寺。師往預聽習究其微旨。復傍探儒典遊文雅之場。覺師目為我門之遊夏也。師以玄機一發雜務俱捐。振錫南邁抵福州長慶法會。雖緣心未息而海眾推之。尋更結侶擬之湖外。既行值天雨忽作溪流暴漲。暫寓城西地藏院因參琛和尚。琛問曰。上座何往。師曰。邐迤行脚去。

"행각하는 일이 무엇인가?"

"모르겠습니다."

"모르겠다고 한 것이 가장 친하니라."

대사는 활연히 깨닫고 동행하던 진산주(進山主) 등 4인과 함께 정성껏 귀의하여 물으니, 모두 깨달아 알았다. 그리하여 차례차례 인가를 받고 제각기 한 지방에서 이름을 떨치는 승려가 되었다.

대사는 홀로 감자주에서 작은 암자를 세우고 그곳에 머물려고 하였으나, 진산주 등이 강남의 총림을 두루 보고자 한다면서 대사에게 동행하기를 청하여 임천(臨川)에 가니, 군수가 숭수원(崇壽院)에 살기를 청하였다.

처음 개당하는 날, 차 마시는 자리에서 일어나기도 전에 사부대중이 벌써 법상을 둘러싸고 있었다.

이에 승정(僧正)이 대사에게 아뢰었다.

"사부대중이 벌써 화상의 법상을 둘러쌌습니다."

曰行脚事作麼生。師曰。不知。曰不知最親切。師豁然開悟。與同行進山主等四人。因投誠咨決悉皆契會。次第受記各鎭一方。師獨於甘蔗洲卓庵。因議留止。進師等以江表叢林欲期歷覽。命師同往。至臨川州牧請住崇壽院。初開堂日中坐茶筵未起。四衆先圍繞法座。時僧正白師曰。四衆已圍繞和尚法座了。

대사가 말하였다.

"여러 사람들이여, 참 선지식께 참문하라."

조금 있다가 법상에 오르자 대중이 예배를 마치니, 대사가 대중에게 말하였다.

"여러 사람이 모두 여기에 왔으니 내가 말이 없을 수 없다. 대중에게 옛사람의 방편을 하나 보여 주리라. 안녕."

그리고는 법상에서 내려왔다. 이때에 어떤 승려가 나와서 절을 하니 대사가 말하였다.

"잘 물어라."

그 승려가 막 물으려는 찰나에, 대사가 말하였다.

"장로여, 아직 개당도 하지 않았으니 이야기에 대답할 수 없다."

자방(子方) 상좌가 장경(長慶)에서 오니, 대사가 선장경(先長慶) 능(稜) 화상의 게송을 들고 물었다.

"어떤 것이 만상(萬象) 가운데 홀로 드러난 몸인가?"

師曰。眾人却參真善知識。少頃陞座。大眾禮請訖。師謂眾人既盡在此。山僧不可無言。與大眾舉一古人方便。珍重。便下座。時有僧出禮拜。師曰。好問著。僧方申問次。師曰。長老未開堂不答話。子方上座自長慶來。師舉先長慶稜和尚偈而問曰。作麼生是萬象之中獨露身。

자방이 불자를 번쩍 드니, 대사가 말하였다.
"그렇게 알아서야 어찌 되겠는가?"
"화상의 높으신 뜻은 어떠합니까?"
"무엇을 만상이라 하는가?"
"옛사람은 만상이 끊어졌다고도 하지 않았습니다."
"만상 가운데라 하지만 홀로 드러난 몸뿐인데, 어찌 끊어졌느니 끊어지지 않은 것이니를 말하랴."
자방이 활연히 깨달아 게송을 지어 바치고 귀의하니, 이로부터 제방에서 알음알이를 가진 이는 모두가 쏠리듯이 모여왔다. 처음 그들의 태도는 도도했으나 대사가 미묘한 설교로 일깨워 주니, 모두가 차츰 굴복하여 배우는 무리가 항상 천 명에서 줄지 않았다.

대사가 법상에 올라서 대중이 오래 서 있으니 말하였다.
"그저 이렇게 흩어진다면 불법이 있겠는가, 없겠는가? 말해 봐라."

子方舉拂子。師曰。恁麽會又爭得。曰和尙尊意如何。師曰。喚什麽作萬象。曰古人不撥萬象。師曰。萬象之中獨露身。說什麽撥不撥。子方豁然悟解述偈投誠。自是諸方會下有存知解者翕然而至。始則行行如也。師微以激發。皆漸而服膺。海參之衆常不減千計。師上堂大衆立久。乃謂之曰。只恁麽便散去。還有佛法也無。試說看。

만약 없다면 여기에 와서 무엇 하겠는가? 있다면 큰 시장의 소란한 속에도 있을 것인데, 무엇 하러 여기에 왔는가? 여러분들은 일찍이 『환원관(還源觀)』, 『백문(百門)』, 『의해(義海)』, 『화엄론(華嚴論)』, 『열반경(涅槃經)』 따위 여러 서적을 보았을 것인데, 어느 경전에 이런 시절이 있던가? 있다면 말해 봐라. 경전 가운데 이런 말이나 이런 시절이 있다 말라. 무슨 교섭이 있으랴.

그러므로 미세한 말씀이 마음에 막혀 있으면 항상 알음알이의 광장이 되어, 실제(實際)로 눈앞에 놓였건만 뒤집혀 이름이니 상이니 하는 경계가 된다. 어찌해서 뒤집히는가? 뒤집혔다면 또 어찌하여야 바르게 되겠는가? 알겠는가? 다만 그런 식으로 서적에서 생각하지 말라. 무슨 소용이 있으랴."

어떤 승려가 물었다.

若無又來這裏作麼。若有大市裏人聚處亦有。何須到這裏。諸人各曾看還源觀百門義海華嚴論涅槃經諸多策子。阿那箇教中有這箇時節。若有試舉看。莫是恁麼經裏有恁麼語是此時節麼。有什麼交涉。所以微言滯於心首。嘗[2]為緣慮之場。實際居於目前。翻為名相之境。又作麼生得翻去。若也翻去又作麼生得正去。還會麼。莫只恁麼念策子。有什麼用處。僧問。

---

2) 嘗이 원나라본에는 常으로 되어 있다.

"어떻게 드러내야 도(道)와 상응하겠습니까?"

대사가 말하였다.

"그대는 몇 번이나 드러내면서도 도와 상응하지 못한다고 하는구나."

"여섯 감관이 지음하지 못할 때가 어떠합니까?"

"그대의 집안 권속은 한 무리이다."

대사가 또 말하였다.

"어떻게 해야 알겠는가? 이렇게 와서 물으면서 곧 얻음이 없다고 말하지 마라. 그대는 여섯 감관이 지음하지 못한다고 하였는데, 눈에서 지음하지 못한다는 말인가, 귀에서 지음하지 못한다는 말인가? 근본인 이것이 있거니 어찌 얻음이 없다고 할 수 있겠는가? 옛 사람이 말하기를 '소리와 빛을 여의었다 하면 소리와 빛에 집착함이 되고, 이름과 글자를 여의었다 하면 이름과 글자에 집착함이 된다.'라고 하였으니, 이 까닭에 무상천(無想天)에서 수행하여 팔만 대겁(大劫)을 지냈더라도 하루 아침에 타락하는 것이다."

如何披露則得與道相應。師日。汝幾時披露即與道不相應。問六處不知音時如何。師日。汝家眷屬一群子。師又日。作麼生會。莫道恁麼來問便是不得。汝道六處不知音。眼處不知音。耳處不知音。若也根本是有爭解無得。古人道。離聲色著聲色。離名字著名字。所以無想天修得經八萬大劫。一朝退墮

모든 일이 엄연하건만 근본의 진실함을 알지 못하기 때문인 것이다.

차례로 3생의 60겁이나 4생의 100겁을 수행하여서 이와 같이 삼아승지 동안 과위가 원만할지라도 옛사람은 오히려 말하기를 '온통인 생각으로 연(緣)을 일으키되 남이 없어서〔無生〕삼승의 방편 따위를 초월하는 것만 못하다.'라고 했고, 또 말하기를 '손가락 튕기는 사이에 팔만 법문을 원만히 이루고 찰나에 삼아승지겁을 소멸한다.'라고 했으니, 잘 궁구해야 한다. 만일 이렇게 한다면 무슨 힘이 들겠는가?"

어떤 승려가 물었다.
"손가락은 묻지 않겠으나 어떤 것이 달입니까?"
대사가 말하였다.
"어떤 것이 그대가 묻지 않은 손가락인가?"
"달은 묻지 않겠으나 어떤 것이 손가락입니까?"
"달이니라."

諸事儼然。蓋爲不知根本眞實。次第修行三生六十劫四生一百劫。如是直到三祇果滿。他古人猶道。不如一念緣起無生超彼三乘權學等見。又道彈指圓成八萬門。刹那滅却三祇劫。也須體究。若如此用多少氣力。僧問。指即不問如何是月。師曰。阿那箇是汝不問底指。又僧問。月即不問如何是指。師曰。月。

"학인이 손가락을 물었는데 스님은 왜 달로 대답하십니까?"
"그대가 손가락을 물었기 때문이다."

강남(江南)의 국주(國主)가 대사의 도덕을 소중히 여겨 보은선원으로 맞이해서 살게 하고 정혜 선사(淨慧禪師)라는 호를 봉하였다.
대사가 법상에 올라 대중에게 말하였다.
"옛사람이 말하기를 '내가 서 있는 바탕을 그대들이 알아채기 바란다.'라고 했는데, 산승(山僧)이 지금 앉은 바탕을 그대들이 알아채기 바란다. 도리가 있는가, 없는가? 어떤 것이 친하고 어떤 것이 친하지 않은 것인가 판단해 봐라."
"막 종을 치고 대중이 구름처럼 모였으니 스님께 이러-함을 청합니다."
대사가 말하였다.
"대중이 아는 것과 그대의 아는 것이 어떻게 해야 같겠는가?"

曰學人問指。和尚為什麼對月。師曰。為汝問指。江南國主重師之道。迎入住報恩禪院。署淨慧禪師。師上堂謂眾曰。古人道。我立地待汝覷去。山僧如今坐地待汝覷去。還有道理也無。那箇親那箇疎。試裁斷看。問洪鍾纔擊大眾雲臻請師如是。師曰。大眾會何似汝會。

"어떤 것이 옛 부처님의 가풍입니까?"
"어디를 본들 부족한가?"

"하루 온종일 어떻게 행동해야 도와 상응하겠습니까?"
"취하고 버리려는 마음이 교묘한 거짓을 이룬다."

"옛사람이 법의를 전할 때에는 누구에게 수기를 주었습니까?"
"그대는 어디서 옛사람이 법의를 전하는 것을 보았는가?"

"시방의 현성들이 모두가 이 종(宗)으로 들어온다 하니, 어떤 것이 이 종입니까?"
"시방의 현성이 다 들어온다."

"어떤 것이 부처마저 초월한 사람입니까?"
"부처라고 하는 것도 방편이다."

問如何是古佛家風。師曰。什麼處看不足。問十二時中如何行履即得與道相應。師曰。取捨之心成巧偽。問古人傳衣當記何人。師曰。汝什麼處見古人傳衣。問十方賢聖皆入此宗。如何是此宗。師曰。十方賢聖皆入。問如何是佛向上人。師曰。方便呼為佛。

"소리와 빛 두 가지를 어느 사람이 꿰뚫었습니까?"
대사는 선뜻 대중에게 말하였다.
"여러 상좌들이여. 말해 봐라. 저 승려가 꿰뚫어 얻었겠는가? 만일 이 물음을 알면 소리와 빛을 꿰뚫어 얻는 것이 어렵지 않을 것이다."

"부처의 지견을 구하는 데는 어느 길이 가장 빠릅니까?"
"이보다 더한 것이 없다."

"상서로운 풀이 마르지 않을 때에는 어떠합니까?"
"부질없는 말이구나."

"대중이 구름같이 모였으니 스님께서 대중의 의심의 그물을 단박에 결단해 주십시오."
"요사(寮舍)3) 안에서 생각하고 찻방 안에서 헤아린다."

問聲色兩字什麼人透得。師却謂眾曰。諸上座且道這箇僧還透得也未。若會此問處透聲色即不難。問求佛知見何路最徑。師曰。無過此。問瑞草不凋時如何。師曰。謾語。問大眾雲集請師頓決疑網。師曰。寮舍內商量茶堂內商量。

---

3) 요사(寮舍) : 절에 있는 승려들이 기거하는 집.

"구름이 열리고 해가 보일 때에는 어떠합니까?"
"참으로 부질없는 말이다."

"어떤 것이 사문이 소중히 여길 것입니까?"
"털끝만큼이라도 소중히 여길 것이 있으면 사문이라 할 수 없다."

"천백 억의 화신 가운데서 어느 것이 청정법신입니까?"
"모두 이것이니라."

"줄을 지어서 올라왔습니다. 스님의 뜻이 어떠합니까?"
"이것이 눈인가, 눈이 아닌가?"

"온몸이 이 뜻입니다. 스님께서 결단해 주십시오."
"그대의 뜻을 스스로가 부숴 버렸다."

問雲開見日時如何。師曰。謾語真箇。問如何是沙門所重處。師曰。若有纖毫所重即不名沙門。問千百億化身於中如何是清淨法身。師曰。總是。問簇簇上來師意如何。師曰。是眼不是眼。問全身是義請師一決。師曰。汝義自破。

"어떤 것이 옛 부처님의 마음입니까?"
"자비희사(慈悲喜捨)를 쏟아낸다."

"백 년 묵은 방의 어두움을 등불 하나로 깨뜨린다 하니, 어떤 것이 한 등불입니까?"
"무슨 백 년을 말하는가?"

"어떤 것이 진정한 도입니까?"
"첫 번째 소원도 그대로 하여금 시행하게 하고, 두 번째 소원도 그대로 하여금 시행하게 한다."

"어떤 것이 온통 참다운 경지입니까?"
"경지라 하면 온통 참다움일 수 없다."
"어떻게 세우리까?"
"굴릴수록 교섭할 길이 없다."

問如何是古佛心。師曰。流出慈悲喜捨。問百年闇室一燈能破。如何是一燈。師曰。論什麼百年。問如何是正眞之道。師曰。一願也教汝行二願也教汝行。問如何是一眞之地。師曰。地則無一眞。曰如何卓立。師曰。轉無交涉。

"어떤 것이 옛 부처입니까?"
"지금도 의심할 곳이 없다."

"하루 온종일 어떻게 행하여야 합니까?"
"걸음걸음마다 밟는다."

"옛 거울을 열기 전에는 어떻게 비춥니까?"
"어찌 두 번, 세 번 하랴."

"어떤 것이 부처님들의 현묘한 뜻입니까?"
"그것은 그대에게도 있다."

"듣건대 경전에서 이르기를 '머무름이 없는 근본에 의하여 온갖 법을 세운다.'라고 하는데, 어떤 것이 머무름이 없는 근본입니까?"

問如何是古佛。師曰。即今也無嫌處。問十二時中如何行履。師曰。步步踏著。問古鏡未開如何顯照。師曰。何必再三。問如何是諸佛玄旨。師曰。是汝也有。問承教有言。從無住本立一切法。如何是無住本。

"왕성하게 형상을 이루지만 모양이 아니어서 일으켜 이름해도 이름이 아니다."

"열반한 승려의 의발은 뭇 승려들이 제창하고 있으니, 조사의 의발은 누가 제창합니까?"
"그대는 열반한 승려의 무슨 의발을 제창하는가?"

"객지에 방랑하던 아들이 고향에 돌아올 때에는 어떠합니까?"
"무엇을 바치던가?"
"아무것도 없습니다."
"날마다 무엇으로 넉넉한가?"

대사는 나중에 청량원으로 옮겨 살았는데 법상에 올라 대중에게 보이고 말하였다.

師曰。形興未質名起未名。問亡僧衣眾僧唱。祖師衣什麼人唱。師曰。汝唱得亡僧什麼衣。問蕩子還鄉時如何。師曰。將什麼奉獻。曰無有一物。師曰。日給作麼生。師後遷住清涼。上堂示眾曰。

금릉(金陵) 청량원(淸凉院) 문익(文益) 선사

"출가한 사람은 그저 때와 계절을 따르면 된다. 추우면 춥고 더우면 덥다 할 뿐이다. 불성의 이치를 알고자 하면 시절과 인연을 관해라. 고금의 방편이 없지 않다. 보지 못했는가?

석두 화상이 『조론(肇論)』[4]을 인용해 말하기를 '만물을 아는 것이 자신이라 하는 이는 오직 성인뿐이다.'라고 했으며, 다른 집안에서는 곧 말하기를 '성인은 자기라는 것도 없고, 자기 아니라는 것도 없다.'라고 했다. 한결같은 말로 저술한 '참동계(參同契)'에서도 처음부터 끝까지 이르기를 '인도의 큰 성인의 마음도 이에 지나지 않으니, 그 가운데에서 다만 때에 따라 말했을 뿐이다.'라고 했다.

상좌들아, 곧 알기를 바라니, 만물을 아는 것이 자신이 되면 온 누리에 볼 한 법도 없다.

석두 화상은 또 사람들에게 시간을 헛되이 보내지 말라고 당부했다.

出家人但隨時及節便得。寒卽寒熱卽熱。欲知佛性義當觀時節因緣。古今方便不少。不見石頭和尙因看肇論云。會萬物爲己者。其唯聖人乎。他家便道。聖人無己靡所不己。有一片言語喚作參同契。末上云。竺土大僊心無過此語也。中間也只隨時說話。上座今欲會萬物爲己去。蓋爲大地無一法可見。他又囑人云。光陰莫虛度。

---

4) 조론(肇論) : 중국 후진 때 승려 승조(僧肇)가 지은 서적.

아까 여러분에게 그저 시절을 따르면 된다고 했는데, 만일 때에 따라 바뀌어 시절을 잃으면 이것이 세월을 헛되이 보내는 것이니, 색(色)이 아닌 것을 색으로 안다. 상좌들아, 색이 아닌 것을 색으로 알면 이것이 때에 따라 바뀌어 시절을 잃는 것이다.

말해 봐라. 색이니, 색 아니니 해서 안다 하는 것이 옳겠는가, 옳지 않겠는가? 상좌들이 만일 그렇게 알면 이는 아무 교섭할 곳이 없다. 바야흐로 미쳐서 양쪽으로 설치는 것이니, 무슨 쓸모가 있으랴. 상좌들아, 그저 분수와 시절을 따르면서 세월을 보내는 것이 옳다. 안녕."

어떤 이가 물었다.
"어떤 것이 청량(清凉)의 가풍입니까?"
대사가 말하였다.
"그대가 딴 곳에 가거든 그대는 다만 청량에서 왔다고 하라."

適來向上座道。但隨時及節便得。若也移時失候。即是虛度光陰。於非色中作色解。上座於非色中作色解。即是移時失候。且道色作非色解。還當不當。上座若恁麼會便是沒交涉。正是癡狂兩頭走。有什麼用處。上座但守分隨時過好。珍重。問如何是清涼家風。師曰。汝到別處但道到清涼來。

"어찌하여야 모든 법이 맞서지 못하게 됩니까?"

"어떤 법이 그대에게 맞서던가?"

"그렇지만 아침과 저녁이 닥치는 데야 어찌하겠습니까?"

"부질없는 말이다."

"몸을 허깨비 같은 것으로 관하고, 안도 그렇다고 관할 때에는 어떠합니까?"

"그렇게 된 일이 있는가?"

"급히 상응하기를 바란다면 오직 둘 아닌 말을 하라 하니, 어떤 것이 둘 아닌 말입니까?"

"다시 그런 것을 보태는가?"

"어떤 것이 법신입니까?"

"그것은 응신(應身)이니라."

問如何得諸法無當去。師曰。什麼法當著上座。曰爭奈日夕何。師曰。閑言語。問觀身如幻化觀內亦復然時如何。師曰。還得恁麼也無。問要急相應唯言不二。如何是不二之言。師曰。更添些子得麼。問如何是法身。師曰。這箇是應身。

"어떤 것이 제일의입니까?"
"내가 그대에게 말한다면 곧 제이의니라."

대사가 수산주(修山主)에게 물었다.
"털끝만큼 차이가 있으면 하늘과 땅 같이 멀어진다 하니, 사형(師兄)께서는 어떻게 생각하십니까?"
수산주가 말하였다.
"털끝만큼 차이가 있으면 하늘과 땅 같이 멀어진다."
"그렇게 알아서야 어찌 맞겠습니까?"
"화상은 어찌 생각하십니까?"
"털끝만큼 차이가 있으면 하늘과 땅 같이 멀어진다."
수산주가 다시 절을 하였다.[5]

問如何是第一義。師曰。我向汝道是第二義。師問修山主。毫釐有差天地懸隔。兄作麼生會。修曰。毫釐有差天地懸隔。師曰。恁麼會又爭得。修曰。和尚如何。師曰。毫釐有差天地懸隔。修便禮拜(東禪齊拈云。山主恁麼祇對。為什麼不肯。及乎再請益。法眼亦只恁麼道便得去。且道疑訛在什麼處。若看得透。道上座有來由)。

---

5) 동선제(東禪齊)가 이 일을 듣고 말하기를 "수산주가 그렇게 대답한 것은 왜 긍정하지 않고 수산주가 다시 물을 때, 법안은 역시 그렇게 대답했겠는가? 말해 봐라, 잘못이 어디에 있는가? 만일 이 일을 꿰뚫어 보면 상좌는 일을 마쳤다 하노라." 하였다. (원주)

대사가 오공(悟空) 선사와 불을 쪼이다가 부젓가락을 들고 오공에게 물었다.

"부젓가락이라고도 부를 수 없으니, 사형은 무엇이라 하시겠소?"

오공이 말하였다.

"부젓가락이다."

대사가 긍정하지 않으니, 오공이 그 뒤로 20여 일이 지나서야 겨우 이 말을 밝혔다.[6]

어떤 승려가 공양 전에 올라와서 참문할 때 대사가 손으로 발을 가리키니, 두 승려가 함께 가서 발〔簾〕을 걷었는데, 대사가 말하였다.

師與悟空禪師向火拈起香匙問悟空云。不得喚作香匙。兄喚作什麽。悟空云。香匙。師不肯。悟空却後二十餘日方明此語(東禪齊拈云。叢林中總道。悟空好語。法眼須有此語。若恁麽會還夢見也未。除此外別作麽生會法眼意。上座既不喚作香匙。喚作什麽。別下一轉子看。要知上座平生眼)。因僧齋前上參。師以手指簾。時有二僧同去捲簾。師曰。

---

6) 동선제(東禪齊)가 이 일을 들어 말하기를 "총림에서 모두가 말하기를 '오공이 좋은 말을 했다. 법안도 이 말을 했어야 했다.'라고 하는데, 그렇게 알아서야 꿈엔들 보았겠는가? 이밖에 어떻게 법안의 뜻을 알 수 있으랴. 상좌여, 이미 부젓가락이라 부를 수 없다면 무엇이라 불러야 되겠는가? 한 말씀 내려 봐라. 상좌들의 평생 안목을 보고 싶다." 하였다. (원주)

"하나는 얻었고, 하나는 잃었다."[7]

운문이 어떤 승려에게 묻기를 '어디서 왔느냐?' 하니, 승려가 대답하기를 '강서에서 왔습니다.'라고 하자, 운문이 말하기를 '강서의 한 떨거지 노숙들의 잠꼬대가 아직 깨지 않았더냐?' 하니, 승려가 대답이 없었는데, 이 일화를 들어서 한 승려가 대사에게 물었다.
"운문의 뜻이 무엇이겠습니까?"
"대단하시다는 운문이 그 승려의 시험을 받았구나."

대사가 어떤 승려에게 물었다.
"어디서 왔는가?"

一得一失(東禪齊拈云。上座且作麼生會。有云。爲伊不明旨便去捲簾。亦有道指者即會。不指而去者即失。恁麼會還可不可。旣不許恁麼會。且問上座阿那箇得阿那箇失)。因雲門問僧。什麼處來。云江西來。雲門云。江西一隊老宿寱語住也未。僧無對。僧問師。不知雲門意作麼生。師曰。大小雲門被這僧勘破。師問僧。什麼處來。

---

7) 동선제(東禪齊)가 이 일을 들어 말하기를 "상좌들이여, 어찌 생각하는가? 어떤 이는 말하기를 '그는 진리를 밝히지 못했으므로 달려가서 발을 걷었다.'라고 했고, 또 어떤 이는 말하기를 '가리켰으니 곧 알았어야 할 것인데, 가리켰는데도 버리지 못한 이는 잃은 것이다.'라고 하니, 이렇게 알면 옳겠는가, 옳지 않겠는가? 이미 그렇게 알아서 안된다 하면 그대에게 묻노니, 어느 것이 얻는 것이고, 어느 것이 잃는 것인가?" 하였다. (원주)

"도량에서 왔습니다."
"밝음과 합하였는가, 어둠과 합하였는가?"
승려가 말이 없었다.

대사가 승려를 시켜 흙을 파다가 연분(蓮盆)에 채우게 하니, 승려가 흙을 파 가지고 왔다. 이에 대사가 물었다.
"다리 동쪽에서 팠는가, 다리 서쪽에서 팠는가?"
"다리 동쪽에서 팠습니다."
"참된 것인가, 헛된 것인가?"

대사가 어떤 승려에게 물었다.
"어디서 왔는가?"
"보은(報恩)에서 왔습니다."
"대중은 편안하던가?"
"편안합니다."
"차나 마셔라."

　　曰道場來。師曰。明合暗合。僧無語。師令僧取土添蓮盆。僧取土到。師曰。橋東取橋西取。曰橋東取。師曰。是眞實是虛妄。師問僧。什麼處來。曰報恩來。師曰。眾僧還安否。曰安。師曰。喫茶去。

대사가 어떤 승려에게 물었다.

"어디서 왔는가?"

"사주(泗洲)로 가서 큰 성인께 절을 하고 옵니다."

"금년에 탑에서 나왔는가?"

"나왔습니다."

대사는 문득 옆의 승려에게 물었다.

"그대는 이 친구가 사주에 갔었다고 보는가, 가지 않았다고 여기는가?"

대사가 보자(寶資) 장로에게 물었다.

"옛사람이 말하기를 '산하에 걸림없이 광명은 곳곳에 통한다.'라고 하니, 어떤 것이 곳곳에 통하는 광명입니까?"

보자가 말하였다.

"동쪽에서 법라[8]를 부는 소리요."[9]

師問僧。什麼處來。曰泗州禮拜大聖來。師曰。今年出塔否。曰出。師却問傍僧曰。汝道伊到泗州不到。師問寶資長老。古人道。山河無隔礙光明處處透。作麼生是處處透底光。資曰。東畔打羅聲(歸宗柔別云和尚擬隔礙)。

---

8) 법라 : 소라로 만든 악기로 소리가 멀리까지 들림. 부처의 법음이 널리 대중에 미치는 것을 비유.

9) 귀종유(歸宗柔)가 따로 말하기를 "화상은 막으려 하시는군요." 하였다. (원주)

대사가 대나무를 가리키면서 승려에게 물었다.

"보는가?"

"봅니다."

"대나무가 눈으로 왔는가, 눈이 대나무 곁으로 갔는가?"

"모두가 그런 것이 아닙니다."[10]

어떤 속사(俗士)가 대사에게 그림 족자를 바치니, 대사가 본 뒤에 물었다.

"그대 마음의 재주인가, 손의 재주인가?"

"마음의 재주입니다."

"어떤 것이 그대의 마음인가?"

속사가 대답이 없었다.[11]

師指竹問僧。還見麼。曰見。師曰。竹來眼裏眼到竹邊。僧曰。總不恁麼 (法燈別云。當時但擘眼向師。歸宗別云。和尚只是不信某甲)。有俗士獻師畫障子。師看了問曰。汝是手巧心巧。曰心巧。師曰。那箇是汝心。俗士無對 (歸宗代云。某甲今日却成容易)。

---

10) 법등(法燈)이 따로 말하기를 "그때에 다만 눈을 부릅뜨고 대사께 향했어야 한다." 하였다. 귀종(歸宗)이 따로 말하기를 "화상께서는 저를 믿지 못하시는군요." 하였다. (원주)
11) 귀종(歸宗)이 대신 말하기를 "저는 오늘 문득 쉽게 이루었습니다." 하였다.

어떤 승려가 물었다.
"어떤 것이 둘째 달입니까?"
대사가 말하였다.
"삼라만상(森羅萬象)이니라."
"어떤 것이 첫째 달입니까?"
"만상삼라(萬象森羅)이니라."

대사는 금릉(金陵)에 인연이 맞아 큰 도량에 앉아서 조석으로 세 차례씩 진리를 설하였다. 제방의 총림에서 모두가 대사에게 감화되어 따랐고, 그의 법을 흠모하는 딴 곳의 사람들도 멀리서 와 뵈니, 현사의 바른 법이 강남에 중흥하였다.
대사는 기틀에 잘 맞추고 물건에 순응하여 막힌 것을 틔워주고 어두움을 없게 하였다. 모든 방면의 삼매를 써서 입실하여 견해를 바치고 물어서 더 배우려 하는 이에게 모두 병에 따라 약을 주니, 근기에 따라 깨달은 이가 셀 수 없이 많았다.

僧問。如何是第二月。師曰。森羅萬象。曰如何是第一月。師曰。萬象森羅。師緣被於金陵。三坐大道場朝夕演旨。時諸方叢林咸遵風化。異域有慕其法者涉遠而至。玄沙正宗中興於江表。師調機順物斥滯磨昏。凡擧諸方三昧。或入室呈解。或叩激請益。皆應病與藥。隨根悟入者不可勝紀。

주(周)의 현덕(顯德) 5년 무오(戊午) 7월 17일에 병이 나니, 국왕이 친히 문병을 왔다. 윤달(閏月) 5일에 머리를 감고 목욕하고 대중에게 고한 뒤 가부좌를 맺고 앉아서 떠나니, 얼굴빛이 산 사람 같았다. 수명은 74세이고, 법랍은 54세였다.

성안의 여러 절에서 위의를 갖추고 나와서 전송했으며, 공경(公卿)인 이건훈(李建勳) 이하 여러 관원이 소복으로 유해를 받들고 강녕현(江寧縣)의 단양향(丹陽鄕)으로 가서 탑을 세웠다.

시호는 대법안 선사(大法眼禪師)요, 탑호는 무상(無相)이었다. 제자인 천태 덕소(天台德韶, 오월 국사)와 문수(文遂, 강남국 도사), 혜거(慧炬, 고려 국사) 등 14인이 먼저 세상에 나타나 모두가 왕후의 존경을 받았고, 다음에는 용광(龍光), 태흠(泰欽) 등 49인이 법문을 열어 제각기 한 지방을 교화하니, 모두 본장(本章)에 기록한 것과 같다.

以周顯德五年戊午七月十七日示疾。國主親加禮問。閏月五日剃髮沐身告眾訖跏趺而逝。顏貌如生。壽七十有四。臘五十四。城下諸寺院具威儀迎引。公卿李建勳已下素服奉全身於江寧縣丹陽鄉起塔。諡大法眼禪師。塔曰無相。嗣子天台山德韶(吳越國師)文遂(江南國導師)慧炬(高麗國師)等一十四人。先出世並為王侯禮重。次龍光泰欽等四十九人。後開法各化一方。如本章敍之。

나중에 문인인 행언(行言)에 의하여 현각 도사(玄覺導師)라는 호가 추서 되었고, 대지장 대도사(大智藏大導師)라 거듭 시호를 칭하였다. 세 곳에서 행한 설법과 저술한 게송, 진영(眞影)의 찬(讚)과 명(銘), 기(記), 주석 등 수만 말씀을 학자들이 베껴서 천하에 퍼뜨렸다.

　後因門人行言署玄覺導師。請重諡大智藏大導師。三處法集及著偈頌真讚銘記詮注等凡數萬言。學者繕寫傳布天下。

 토끼뿔

∽ "손가락은 묻지 않겠으나 어떤 것이 달입니까?" 했을 때

대원은 "죽부인이다." 하고

"달은 묻지 않겠으나 어떤 것이 손가락입니까?" 했을 때

대원은 "손가락이니라." 하고

"학인이 손가락을 물었는데 스님은 왜 달로 대답하십니까?" 했을 때

대원은 "흙덩이나 쫓는 자이구나." 하리라.

∽ "하루 온종일 어떻게 행동해야 도와 상응하겠습니까?" 했을 때

대원은 "이렇게 하라." 하리라.

∽ "천백 억의 화신 가운데서 어느 것이 청정법신입니까?" 했을 때

대원은 "할! 나누지도 보태지도 말라." 하리라.

∽ "백 년 묵은 방의 어두움을 등불 하나로 깨뜨린다 하니, 어떤 것이 한 등불입니까?" 했을 때

대원은 "이 등불 어떻더냐?" 하리라.

∽ "어떤 것이 온통 참다운 경지입니까?" 했을 때

대원은 "등불이니라." 하리라.

∽ "옛 거울을 열기 전에는 어떻게 비칩니까?" 했을 때

대원은 말없이 보이고 "이렇느니라." 하리라.

∽ "밝음과 합하였는가, 어둠과 합하였는가?" 했을 때

대원은 "차나 드시지요." 하리라.

양주(襄州) 청계산(淸谿山) 홍진(洪進) 선사

홍진 선사는 지장원(地藏院)에 살았을 때에 제일좌에 있었는데, 어느 날 두 승려가 와서 절을 하였다. 이에 지장 화상이 말하였다.
"모두가 틀렸다."
두 승려가 말없이 법당에서 내려가 수산주(修山主)에게 물으니, 수산주가 말하였다.
"그대 자신이 드높고 당당하거늘 남에게 절을 하고 물으니, 어찌 틀리지 않았겠는가?"
대사가 이 말을 듣고 긍정하지 않으니, 수산주가 물었다.
"상좌의 뜻은 어떠하신지요?"
대사가 말하였다.
"그대 자신이 미혹해 있으면서 어찌 남을 가르치리오."
수산주가 분연히 법당에 올라가서 지장에게 물으니, 지장이 마루 아래를 가리키면서 말하였다.

襄州淸谿山洪進禪師。在地藏時居第一座。一日有二僧禮拜。地藏和尚曰。俱錯。二僧無語。下堂請益修山主。修曰。汝自巍巍堂堂。却禮拜擬問他人。豈不是錯。師聞之不肯。修乃問曰。未審上座作麼生。師曰。汝自迷暗焉可為人。修憤然上法堂請益地藏。地藏指廊下曰。

"전좌(典座)야, 창고에 넣어 둬라."
수산주가 잘못을 뉘우쳤다.

다른 날 대사가 수산주에게 물었다.
"남(生)이 곧 나지 않는 본성임을 분명히 알면서도 어찌하여 여전히 남(生)에 머물러 있는가?"
수산주가 대답하였다.
"죽순은 결국 대가 되지만 지금 대자리를 만들려 하면 되겠습니까?"
대사가 말하였다.
"그대는 이 뒤에 저절로 깨닫게 되리라."
"제가 보는 바에 의하면 이러-할 뿐인데, 상좌의 뜻은 어떠하십니까?"
"이것은 감원(監院)[12]방인데, 어떤 것이 전좌의 방인가?"
수산주가 절을 하고 물러갔다.

典座入庫頭去也。修乃省過。又一日師問修山主曰。明知生不生性[13]。爲什麼爲生之所留。修曰。筍畢竟成竹去。如今作篾使還得麼。師曰。汝向後自悟去。曰紹修所見只如此。上座意旨如何。師曰。這箇是監院房。那箇是典座房。修禮謝。

---

12) 감원(監院) : 한 절을 감독하고 승려를 총괄하는 직책.
13) 明知生不生性이 원나라본에는 明知生是不生之性으로 되어 있다.

대사가 주지가 된 뒤에 어떤 승려가 물었다.
"여러 장님이 코끼리를 더듬으면서 제각기 딴 소리를 하는데, 갑자기 눈 밝은 사람을 만나면 어찌하겠습니까?"
대사가 말하였다.
"그대는 제방에 가서 똑같이만 이야기하라."

대사가 경행하는데 여러 승려가 뒤를 따르니, 그들에게 말하였다.
"옛사람이 어떤 말이 있던가? 여러분들 말해 봐라."
이때에 종의(從漪)라는 상좌가 대중에서 나와 물으려는데, 대사가 말하였다.
"이 털 빠진 당나귀야."
이 말에 종의가 확연히 깨달았다.

師住後有僧問。眾盲摸象各說異端。忽遇明眼人又作麽生。師曰。汝但舉似諸方。師經行次眾僧隨從。乃謂眾曰。古人有什麽言句大家商量。時有從漪上座出眾擬問次。師曰。這勿毛驢。漪渙然省悟(漪後住天平山)[14]。

---

14) 종의는 그 뒤에 천평산에서 살았다. (원주)

토끼뿔

"여러 장님이 코끼리를 더듬으면서 제각기 딴 소리를 하는데, 갑자기 눈 밝은 사람을 만나면 어찌하겠습니까?" 했을 때

대원은 "차 나누며 즐긴다." 하리라.

승주(昇州) 청량원(淸凉院) 휴복(休復) 오공(悟空) 선사

오공 선사는 북해(北海) 사람으로 성은 왕(王)씨이다. 어려서 출가하여 19세에 계를 받고 혼자서 말하기를 '설사 진리를 표현한다 해도 이는 뗏목에 걸리는 일이요, 고요한 선정에 나아간다 해도 또한 공(空)에 떨어질까 걱정이다. 이렇듯이 나가고 물러감을 결단할 수 없으니, 어떻게 해야 두 가지를 놓아 버리겠는가?'라고 하였다.

그리고는 종장을 찾아 나섰다가 지장(地藏) 화상과 인연이 맞았다. 나중에 법안의 뒤를 이어[15] 무주(撫州)의 숭수원(崇壽院)에 사는데, 갑진년(甲辰年)에 강남(江南)의 국왕이 청량(淸凉) 대도량을 짓고 대사를 청해서 살게 하였다.

昇州淸凉院休復悟空禪師。北海人。姓王氏。幼出家十九納戒。嘗自謂曰。苟尚能詮則為滯筏。將趣凝寂復患墮空。既進退莫決。捨二何之。乃參尋宗匠緣會地藏和尚。後繼法眼住撫州崇壽。甲辰歲江南國主創淸凉大道場延請居之。

---

15) 법의 전승이 아니라 법안 선사 다음으로 사찰 주지로 있음을 말한다.

법상에 올라 대중에게 말하였다.

"옛 성인께서 탄생하시자마자 두루 일곱 걸음을 걸으시고, 사방을 돌아보면서 말씀하시기를 '하늘 위와 하늘 아래 나 홀로 가장 존귀하다.'라고 하시니, 그분은 이와 같은 기특한 방편이 있었다. 여러분들은 태어날 때에 어떤 기특함이 있었는가? 말해 봐라. 없다면 마주 보면서도 속이는 것이요, 있다면 어떻게 소식을 통하겠는가? 알겠는가?

여러 상좌들이여, 다행히도 기특한 일이 있는데 어찌하여 모르는가? 안녕."

어떤 승려가 물었다.
"어떤 것이 부처입니까?"
대사가 말하였다.
"그대는 중생이다."
"긍정하시는 것입니까, 긍정하지 않으시는 것입니까?"
"물음이 헛되었구나."

上堂示眾日。古聖纔生下便周行七步目顧四方云。天上天下唯我獨尊。他便有這箇方便奇特。只如諸上座初生下時有箇什麼奇特。試舉看。若道無即對面諱却。若道有又作麼生通得箇消息。還會麼。上座幸然有奇特事。因什麼不知去。珍重。僧問。如何是佛。師曰。汝是眾生。曰還肯也無。師曰。虛施此問。

"어떤 것이 서쪽에서 오신 뜻입니까?"
"그대는 이곳이 있다고 여기는가?"

"요긴한 곳을 스님께서 한마디 해 주십시오."
"안녕."

"어떤 것이 도입니까?"
"본래 한 물건도 없거늘 어디에 티끌이 끼겠는가?"
 승려가 절을 하니 대사가 말하였다.
"잘못 알지 말라."

"어떤 것이 한 티끌에 든 삼매입니까?"
"색이 곧 공이다."
"어떤 것이 삼매에서 모든 티끌을 일으키는 것입니까?"
"공이 곧 색이다."

問如何是西來意。師曰。汝道此土還有麽。問省要處乞師一言。師曰。珍重。問如何是道。師曰。本來無一物何處有塵埃。僧禮拜。師曰。莫錯會。問如何是一塵入正受。師曰。色即空。曰如何是諸塵三昧起。師曰。空即色。

"다른 것은 묻지 않겠습니다. 어떤 것이 공을 깨닫는 한 구절입니까?"
"두 구절이 되었다."

"우두가 4조를 보기 전에는 어찌하여 백 가지 새가 꽃을 물어왔습니까?"
"4조를 보지 못했기 때문이다."
"만난 뒤에는 어찌하여 꽃을 물어오지 않았습니까?"
"4조를 뵈었기 때문이다."

"어떤 것이 자기의 일입니까?"
"몇 군데서 그렇게 물었는가?"

"옛사람이 어떤 경지를 얻고서 쉬었습니까?"
"그대는 어떤 경지를 얻었기에 쉬지 못하는가?"

問諸餘即不問。如何是悟空一句。師曰。兩句也。問牛頭未見四祖時為什麼百鳥銜華。師曰。未見四祖。曰見後為什麼不銜華。師曰。見四祖。問如何是自己事。師曰。幾處問人來。問古人得箇什麼即便休歇去。師曰。汝得箇什麼即不休歇去。

"어떤 것이 학인이 몸을 벗어날 곳입니까?"

"천 가지 사물로도 비길 수 없고, 만 가지 사물로도 미칠 수 없다."

"화상께서 말씀해 주십시오."

"예전에도 있었고 지금도 있다."

"어떤 것이 죽은 승려의 낯 앞이 눈에 닿는 대로 보리인 것입니까?"

"해골 뒤의 사람에게 물어라."

"어떤 것이 여러 부처님의 근원입니까?"

"그대는 무엇을 여러 부처님이라 하는가?"

"꽃비가 내려 땅을 진동하면서 우뢰 소리가 처음으로 울리니, 화상께서는 오늘 어떤 법을 드날리시겠습니까?"

"그대에게 무엇이라 했던가?"

問如何是學人出身處。師曰。千般比不得萬般況不及。曰請和尚道。師曰。古亦有今亦有。問如何是亡僧面前觸目菩提。師曰。問取髑髏後人。問如何是諸佛本源。師曰。汝喚什麼作諸佛。問雨華動地始起雷音。未審和尚此日稱揚何事。師曰。向上座道什麼。

"그러시면 청량을 만났다 하겠습니다."
"곧 깨달음은 진실해야 한다."

"독한 용이 빨리 달리는데 만상이 함께 불탈 때에는 어떠합니까?"
"그대는 어디서 그러한 질문을 배웠는가?"

대사는 평상시 방장실에 있을 때에는 오직 털버선 하나를 신었고, 매양 함께 있는 법안이 게송을 많이 짓는 것을 보고 미소를 지었다.

진(晋)의 천복(天福) 8년 계묘(癸卯) 10월 초하룻날, 승려를 보은원으로 보내 법안 선사를 방장실로 불러 산문을 맡기고, 또 국왕에게 글을 보내 하직을 알렸다. 3일 밤 자시에 입적하기로 약속하니 국왕이 자주 사자를 보내 문안하였고, 때가 되자 본원으로 하여금 종을 쳐서 대중을 모이게 하였다.

日恁麼即得遇清涼也。師曰。實即得。問毒龍奮迅萬象同然時如何。師曰。你什麼處得這箇問頭。師平日居方丈唯毳一襪。每哂同參法眼多為偈頌。晉天福八年癸卯十月朔日遣僧往報恩院。命法眼禪師至方丈囑付。又致書辭國主。取三日夜子時入滅。國主屢遣使候問。令本院至時擊鍾及期大眾並集。

대사는 단정히 앉아 대중에게 훈계를 내렸다.
"시간을 헛되이 보내지 말라."
말을 마치자 입적하니, 이때에 국왕이 종소리를 듣고 높은 곳에 올라 멀리 청량원을 향하여 절을 하고 더욱 소중히 여겨 제사를 지냈다. 다비를 마치고 사리를 거두어 탑을 세웠다.

師端坐警眾曰。無棄光影。語絕告寂。時國主聞鍾登高臺遙禮淸涼。深加哀慕仍致祭。茶毘收舍利建塔。

 토끼뿔

∽ "어떤 것이 한 티끌에 든 삼매입니까?" 했을 때

대원은 "이렇느니라." 하고

"어떤 것이 삼매에서 모든 티끌을 일으키는 것입니까?" 했을 때

대원은 "어떠냐?" 하리라.

∽ "다른 것은 묻지 않겠습니다. 어떤 것이 공을 깨닫는 한 구절입니까?" 했을 때

대원은 "장등이니라." 하리라.

∽ "어떤 것이 자기의 일입니까?" 했을 때

대원은 "바로 그것이다." 하리라.

∽ "어떤 것이 학인이 몸을 벗어날 곳입니까?" 했을 때

대원은 "그곳이다." 하리라.

∽ "어떤 것이 죽은 승려의 낯 앞이 눈에 닿는 대로 보리인 것입니까?" 했을 때

대원은 "어떤 것이 죽은 승려의 낯 앞이냐?" 하리라.

∽ "그러시면 청량을 만났다 하겠습니다." 했을 때

대원은 "그것은 둘째 달이다." 하리라.

∽ "독한 용이 빨리 달리는데 만상이 함께 불탈 때에는 어떠합니까?" 했을 때

대원은 "북두를 남을 향해 보아라." 하리라.

무주(撫州) 용제산주(龍濟山主) 소수(紹修) 선사

소수 선사는 처음에 대법안(大法眼) 선사와 함께 지장(地藏)에게 참문하여 얻은 바가 완전하다고 여겼는데, 같이 지장을 하직하고 건양(建陽)으로 가는 길에 이야기를 하다가 법안이 갑자기 물었다.

"옛사람이 말하기를 만상 가운데 홀로 드러난 몸이라고 한 것이 만상이 없어졌다는 것인가, 만상이 없어지지 않았다는 것인가?"

대사가 말하였다.

"만상이 없어진 것이라는 것도 아닙니다."

"어째서 없어졌느니, 없어진 것도 아니라느니 하는가?"

대사가 어리둥절하여 다시 지장에게로 돌아오니 지장이 물었다.

"그대는 떠난 지 오래지도 않은데 어째서 다시 왔는가?"

"해결하지 못한 일이 있는데 어찌 산천을 넘나들기를 꺼리겠습니까?"

撫州龍濟山主紹修禪師。初與大法眼禪師同參地藏。所得謂已臻極。暨同辭至建陽。途中譚次法眼忽問曰。古人道萬象之中獨露身。是撥萬象不撥萬象。師曰。不撥萬象。法眼曰。說什麼撥不撥。師憮然却迴地藏。地藏問曰。子去未久何以却迴。師曰。有事未決豈憚跋涉山川。

지장이 말하였다.

"그대는 허다한 산천을 넘나든 것을 부끄러워할 줄 모르는구나."

대사는 그 뜻을 알지 못하여 다시 지장에게 물었다.

"옛사람이 말하기를 만상 가운데 홀로 드러난 몸이라고 한 뜻이 무엇입니까?"

지장이 말하였다.

"그대는 옛 사람이 만상이 없어졌다고 했다는 것인가? 만상이 없어지지 않았다고 했다는 것인가?"

"없어진 것이라는 것도 아닙니다."

"두 개가 되는구나."

대사가 깜짝 놀라 곰곰히 생각하다가 다시 물었다.

"옛사람은 만상이 없어졌다고 했습니까, 없어지지 않았다고 했습니까?"

지장이 말하였다.

"그대는 무엇을 만상이라 하는가?"

地藏曰。汝跋涉許多山川也還不惡。師未喩旨乃問曰。古人道萬象之中獨露身意旨如何。地藏曰。汝道古人撥萬象不撥萬象。師曰。不撥。地藏曰。兩箇也。師駭然沈思而却問曰。未審古人撥萬象不撥萬象。地藏曰。汝喚什麽作萬象。

대사가 그제야 비로소 깨닫고 다시 지장을 하직하고 법안에게 뵈니, 법안의 말과 뜻이 지장의 것과 앞뒤가 한결 같았다.

법안은 먼저 무주의 숭수원(崇壽院)에서 종풍을 크게 드날렸는데, 그 까닭으로 대사는 나중에 용제산에 있으면서 무리를 모으기에 힘쓰지 않아도 학자들이 모여들었다.

대사는 법상에 올라 보이고 말하였다.
"범부가 법을 구족했으나 범부는 알지 못하고, 성인은 법을 구족했으나 성인은 아는 것도 아니라 한다. 성인이 만약 알았다고 한다면 그는 범부일 것이요, 범부가 안다면 그는 성인일 것이다. 이 두 말은 한 이치이면서 두 뜻이 있으니, 누군가 이를 가리면 불법 가운데 들어간 곳이 있다 하겠지만, 가리지 못했거든 의심하지 않는다고 말하지 말라."

師方省悟。再辭地藏覲於法眼。法眼語意與地藏開示前後如一。故法眼先住撫州崇壽大振宗風。師後居龍濟山不務聚徒。而學者奔至。師上堂示眾曰。具足凡夫法凡夫不知。具足聖人法聖人不會。聖人若會即是凡夫。凡夫若知即是聖人。此兩語一理二義。若人辨得不妨於佛法中有箇入處。若辨不得莫道不疑。

어떤 이가 물었다.

"색(色)을 보면 마음을 본다고 했으니, 드러난 기둥은 곧 색인데 어떤 것이 마음입니까?"

대사가 말하였다.

"알지 못한다고 하는 것이 다행이구나. 눈 밝은 사람을 속이는 것이 아니다."

"어찌하여야 삼계를 벗어나겠습니까?"

"그대가 그렇게 묻는 것이 삼계를 벗어나는데 방해롭지 않느니라."

"밝게 들어서 제창하면 받을 사람이 누구입니까?"

"그대에게 맡기지 않았다고 말라."

"어떤 것이 만법의 주인입니까?"

"무엇을 만법이라 하는가?"

問見色便見心。露柱是色如何是心。師曰。幸然未會且莫詐明頭。問如何得出三界。師曰。汝恁麼問不妨出得三界。問當陽擧唱誰是委者。師曰。非汝不委。問如何是萬法主。師曰。喚什麼作萬法。

"경전에 수미산에다 겨자씨를 넣고, 겨자씨 속에다 수미산을 넣는다 하는데, 어떤 것이 수미산입니까?"
"그대의 마음이라는 것마저 부숴 버려라."
"어떤 것이 겨자씨입니까?"
"그대의 눈을 막은 것이다."
"어떤 것이 넣는 것입니까?"
"수미산과 겨자씨를 가져오너라."
"앞의 말씀은 어디에 있습니까?"
"앞에 무슨 말이 있었던가?"

대사가 언젠가 대중에게 보이고 말하였다.
"소리와 색(色)이 이르지 못하건만 병은 보고 듣는 데 있고, 말로는 미칠 수 없건만 허물은 입술과 혀에 있다."
어떤 승려가 물었다.
"색과 소리를 떠나서 화상께서 말씀해 주십시오."

問教云須彌納芥子芥子納須彌。如何是須彌。師曰。穿破汝心。曰如何是芥子。師曰。塞却汝眼。曰如何納。師曰。把將須彌與芥子來。曰前言何在。師曰。前有什麼言。師有時示眾曰。聲色不到病在見聞。言詮不及過在脣舌。僧問。離却聲色請和尚道。

대사가 말하였다.

"색과 소리 속에서 묻는구나."

"어떤 것이 학인의 마음입니까?"
"누가 그렇게 묻는가?"

"겁의 불길이 활활 타면 대천세계가 모두 무너지는데, 그것도 무너집니까?"
"무너지지 않는다."
"어째서 무너지지 않습니까?"
"대천세계도 한 가지이다."

"어떤 것이 눈에 닿는 대로가 보리인 것입니까?"
"더욱 사람들로 하여금 근심하게 하는구나."

師曰。聲色裏問將來。問如何是學人心。師曰。阿誰恁麼問。問劫火洞然大千俱壞。未審這箇還壞也無。師曰。不壞。曰爲什麼不壞。師曰。同[16]於大千。問如何是觸目菩提。師曰。特地令人愁。

---

16) 同이 원나라본에는 爲同으로 되어 있다.

"어떤 것이 서쪽에서 오신 뜻입니까?"
"그대가 서쪽에서 오신 뜻을 물으니 내가 대답하노라."

"캄캄한 밤에는 무엇으로 눈을 삼습니까?"
"어두움이니라."

"털끝만큼도 막히지 않았는데 어째서 보아도 보이지 않습니까?"
"작가(作家)는 그림자를 놀리는 사람이다."

"옛 거울을 갈기 전에는 어떠합니까?"
"비추어 하늘 땅도 없다."
"간 뒤에는 어떠합니까?"
"검기로는 칠 같다."

"어떤 것이 보안(普眼)[17]입니까?"
"보려하면 털끝만큼도 볼 수 없다."

問如何是西來意。師曰。待汝問西來意。我即向汝道。問巨夜之中以何為眼。師曰。暗。問纖毫不隔為什麼覷之不見。師曰。作家弄影漢。問古鏡未磨時如何。師曰。照破天地。曰磨後如何。師曰。黑似漆。問如何是普眼。師曰。纖毫覷不見。

---

17) 보안(普眼) : 관세음보살의 자비 눈으로 두루 중생을 관함.

"어째서 보려하면 보지 못합니까?"
"그 눈이 너무 크기 때문이다."

"어떤 것이 크게 무너진 사람입니까?"
"겁이 무너져도 옮길 수 없느니라."
"그 사람은 불법이 있는지를 압니까, 모릅니까?"
"불법이 있는지를 안다 하면 곧 뒤바뀐 것이다."
"어찌하여야 뒤바뀌지 않겠습니까?"
"본래 불법이 있음을 알아야 한다."
"어떤 것이 불법입니까?"
"크게 무너졌다."

"어떤 것이 학인이 항상 가지고 있는 마음입니까?"
"일찍이 하옥(荷玉)[18]에게 물은 일이 있는가?"

曰爲什麼覰不見。師曰。爲伊眼太大。問如何是大敗壞底人。師曰。劫壞不曾遷。曰此人還知有佛法也無。師曰。若知有佛法渾成顚倒。曰如何得不顚倒。師曰。直須知有佛法。曰如何是佛法。師曰。大敗壞。問如何是學人常在底心。師曰。還曾問荷玉麼。

---

18) 하옥(荷玉) : 무주 하옥산 광혜 현오 선사.

"학인이 잘 모르겠습니다."
"모르겠거든 해제 뒤에 조산(曹山)에게 물어라."

대사는 게송 60여수와 여러 명(銘)과 논(論), 여러 경(經)을 간추려 저술하였는데 모두가 세상에 퍼졌다.

曰學人不會。師曰。不會夏末問曹山。師著偈頌六十餘首及諸銘論群經略要等。並行於世。

 토끼뿔

㋚ "어떤 것이 만법의 주인입니까?" 했을 때

대원은 "보이지 않았다 말하지 말라." 하리라.

㋚ "경전에 수미산에다 겨자씨를 넣고, 겨자씨 속에다 수미산을 넣는다 하는데, 어떤 것이 수미산입니까?" 했을 때

대원은 "그 산보다 더 큰 산을 걸머졌구나." 하리라.

㋚ "색과 소리를 떠나서 화상께서 말씀해 주십시오." 했을 때

대원은 "이 답은 어떻느냐?" 하리라.

항주(杭州) 천룡사(天龍寺) 수(秀) 선사

수(秀) 선사가 법상에 올라 대중에게 말하였다.

"여러분, 얼마 동안 무사했던가? 하루 종일 어떤 세계에서 안신입명(安身立命)[19] 했던가? 자세히 점검해 봐라. 어째서 쉴 곳을 찾지 못하고 무슨 딴 사람의 점검을 받으려 하는가? 만일 그렇게 한다면 벌써 둘째 것에 떨어져 버린 것이다."

이때에 어떤 승려가 물었다.

"스님께서 그렇게 한다면 벌써 둘째 것에 빠졌다고 하셨는데, 학인은 전혀 그런 것 없이 왔습니다. 스님께서 어떻게 저를 판단하시겠습니까?"

대사가 말하였다.

"그대가 도리어 작가로구나."

"그러시다면 오늘 스님을 만났습니다."

杭州天龍寺秀禪師。師上堂謂眾曰。諸上座多少無事。十二時中在何世界安身立命。且子細點檢看。何不覓箇歇處。因什麼却與別人點檢。若恁麼去早落第二頭也。時有僧問。承師有言。恁麼去早落第二頭。學人總不恁麼上來。師如何辨白。師曰。汝却作家。曰恁麼即今日得遇於師也。

---

19) 안신입명(安身立命) : 깨달아 이러-한 삶을 누리는 경지.

"그대는 눈 밝은 이를 속이려 하지 말라."

"듣건대 옛사람이 말하기를 두 사람 모두 틀렸다고 했다는데, 그의 뜻이 무엇이겠습니까?"
"그대는 왜 스스로가 점검해 보지 않는가?"
"그러면 인간과 하늘이 믿을 곳이 있겠습니다."
"그대는 거리낌 없이 영리하구나."

본국에서 청혜 대사(清慧大師)라 호를 내렸다.

師曰。汝且莫詐明頭。問承古有言。二人俱錯。未審古人意旨如何。師曰。汝何不自檢責。曰恁麼即人天有賴也。師曰。汝不妨靈利。本國署淸慧大師。

 토끼뿔

"스님께서 그렇게 한다면 벌써 둘째 것에 빠졌다고 하셨는데, 학인은 전혀 그런 것 없이 왔습니다. 스님께서 어떻게 저를 판단하시겠습니까?" 했을 때

대원은 "둘째 달을 보는 눈마저 성하지 못하구나." 하리라.

노주(潞州) 연경원(延慶院) 전은(傳殷) 선사

전은 선사에게 어떤 승려가 물었다.
"색(色)을 보면 마음을 본다 하는데 등롱(燈籠)은 색입니다. 어떤 것이 마음입니까?"
대사가 말하였다.
"그대는 옛사람의 뜻을 알지 못했다."
"어떤 것이 옛사람의 뜻입니까?"
"등롱 이것이 마음이니라."

"만약 능히 만물을 굴리면 곧 여래와 같다 했는데, 만물을 어떻게 굴려야 하겠습니까?"
"무엇이라 해야겠는가?"
승려가 말을 하려는데, 대사가 또 말하였다.
"이 칠통(漆桶)아."

潞州延慶院傳殷禪師。僧問。見色便見心。燈籠是色那箇是心。師曰。汝不會古人意。曰如何是古人意。師曰。燈籠是心。問若能轉物即同如來。未審轉什麼物。師曰。道什麼。僧擬進語。師曰。這漆桶。

 토끼뿔

༄ "어떤 것이 옛사람의 뜻입니까?" 했을 때

대원은 "네 코니라." 하리라.

༄ "만약 능히 만물을 굴리면 곧 여래와 같다 했는데, 만물을 어떻게 굴려야 하겠습니까?" 했을 때

대원은 "이렇게 한다." 하리라.

형악(衡嶽) 남대(南臺) 수안(守安) 선사

수안 선사는 처음에 강주(江州)의 오공원(悟空院)에 살았다.
어떤 승려가 물었다.
"사람마다 장안(長安)으로 가는 길이 있는데, 어찌해야 도달합니까?"
대사가 말하였다.
"지금은 어디에 있는가?"

"어떤 것이 서쪽에서 오신 뜻입니까?"
"그것은 무슨 뜻인가?"

"어떤 것이 본래의 몸입니까?"
"그것은 무슨 몸인가?"

衡嶽南臺守安禪師。初住江州悟空院。有僧問。人人盡有長安路如何得到。師曰。即今在什麼處。問如何是西來意。師曰。是什麼意。問如何是本來身。師曰。是什麼身。

"적적하여 의지함이 없을 때에는 어찌합니까?"
"적적한 것이 그대이니라."

대사가 이로 인하여 게송을 지었다.

남대(南臺)에서 향로처럼 고요히 앉아
종일토록 이러-히 만 가지 생각을 쉬니
망상을 제하여 쉰다는 마음마저 없어서
인연들에 헤아릴 일 없을 뿐일세

問寂寂無依時如何。師曰。寂寂底你[20]。師因有頌曰。
南臺靜坐一爐香
亘日凝然萬慮[21]忘
不是息心除妄想
都緣無事可思量

---

20) 你가 원나라본에는 聾로 되어 있다.
21) 慮가 옥본에는 事로 되어 있다.

토끼뿔

"적적하여 의지함이 없을 때에는 어찌합니까?"했을 때

대원은 한 대 때리리라.

앞의 복주(福州) 선종(僊宗) 계부(契符) 청법(清法)
대사의 법손

복주(福州) 선종(僊宗) 동명(洞明) 진각(眞覺) 대사

진각 대사에게 어떤 승려가 물었다.
"구름을 손에 쥐어〔拏雲〕²²⁾ 바람이나 우레를 빌리지 않듯, 깊은 허망함에서 어찌해야 꿰뚫음을 얻은 몸이겠습니까?"
대사가 말하였다.
"어째서 근본을 버리고 끝을 쫓는가?"

前福州僊宗契符清法大師法嗣。福州僊宗洞明真覺大師。僧問。拏雲不假風雷便。潛浪如何透得身。師曰。何得棄本逐末。

---

22) 나운(拏雲) : 원문의 나운(拏雲)은 구름을 손으로 붙잡는다는 뜻인데, 선문에서는 '함이 없는 함의 경지'를 말한다.

 토끼뿔

"구름을 손에 쥐어〔拏雲〕 바람이나 우레를 빌리지 않듯, 깊은 허망함에서 어찌해야 꿰뚫음을 얻은 몸이겠습니까?" 했을 때

대원은 "봄 양지에 조는 비석이니라." 하리라.

천주(泉州) 복청(福清) 광법(廣法) 행흠(行欽) 대사

행흠 대사는 처음에 운대원(雲臺院)에 살았다.
법상에 올라 대중에게 말하였다.
"누가 감정할 수 있겠는가? 만일 감정할 수 있다 해도 이 무슨 웅덩이 속의 헤어진 짚신 같은 일인가? 만약 또 감정해내지 못한다면 떨어진 쇳소리와 같게 되리라. 일 없이 오래들 서 있었구나."
어떤 승려가 물었다.
"어떤 것이 불법의 대의입니까?"
대사가 말하였다.
"여러분이 모두 말해 버렸다."

"어떤 것이 진(眞)을 이야기하고 속(俗)을 거슬리는 것입니까?"
"못난 객이여, 무엇을 묻는가?"

泉州福清廣法大師行欽。初住雲臺院。師上堂謂眾曰。還有人鑒得出麼。若有人鑒得。是什麼湖裏破草鞋。若也鑒不出。落地作金聲。無事久立。僧問。如何是佛法大意。師曰。諸上座大家道取。問如何是譚真逆俗。師曰。客作漢問什麼。

"어떤 것이 속에 순종하고 진을 거슬리는 것입니까?"
"차나 마셔라."

"어떤 것이 연등불 앞입니까?"
"연등불 뒤이니라."
"어떤 것이 연등불 뒤입니까?"
"연등불 앞이니라."
"어떤 것이 바로 연등불입니까?"
"차나 마셔라."

"어떤 것이 둘째 달입니까?"
"그대가 물어 내가 대답한다."

대사가 승려에게 물었다.
"그대는 지금 무슨 경을 읽는가?"

曰如何是順俗違真。師曰。喫茶去。問如何是然燈前。師曰。然燈後。曰如何是然燈後。師曰。然燈前。曰如何是正然燈。師曰。喫茶去。問如何是第二月。師曰。汝問我答。師問僧。汝念什麼經。

승려가 대답하였다.

"법화경입니다."

대사가 말하였다.

"너와 내가 모두 말에 떨어졌다."

曰法華經。師曰。彼此話墮。

 토끼뿔

∽ "어떤 것이 진(眞)을 이야기하고 속(俗)을 거슬리는 것입니까?" 했을 때

대원은 "여기 진과 속을 일러 봐라." 하리라.
"험."

∽ "어떤 것이 바로 연등불입니까?" 했을 때

대원은 "연등불이니라." 하리라.

∽ "어떤 것이 둘째 달입니까?" 했을 때

대원은 "그것이다." 하리라.

∽ "그대는 지금 무슨 경을 읽는가?" 하니 "법화경입니다." 한 것에 대해

대원은 "세째 달이구나." 하리라.

앞의 항주(杭州) 천룡(天龍) 중기(重機) 대사의 법손

고려(高麗) 설악(雪嶽) 영광(令光) 선사

영광 선사에게 어떤 승려가 물었다.
"어떤 것이 화상의 가풍입니까?"
대사가 말하였다.
"분명히 기억해 둬라."

"어떤 것이 모든 법의 근원입니까?"
"가르쳐 줘서 고맙다."

前杭州天龍重機大師法嗣。高麗雪嶽令光禪師。僧問。如何是和尚家風。師曰。分明記取。問如何是諸法之根源。師曰。謝指示。

 토끼뿔

◌ "어떤 것이 화상의 가풍입니까?" 했을 때

대원은 "봄이면 이렇게 꽃을 즐기고, 가을이면 이렇게 단풍도 즐긴다." 하리라.

◌ "어떤 것이 모든 법의 근원입니까?" 했을 때

대원은 "그것이다." 하리라.

앞의 무주(婺州) 국태(國泰) 도(瑫) 선사의 법손

무주(婺州) 제운(齊雲) 보승(寶勝) 선사

보승 선사에게 어떤 승려가 물었다.
"어떤 것이 제운의 경지입니까?"
대사가 말하였다.
"용담(龍潭)은 맑아서 바닥에 사무치고, 오구(烏龜)는 이어서 이름을 얻었다."
"그것이면 되지 않겠습니까?"
"도가 높아서 용과 범이 항복하고 여덟 선인이 태평세월을 계속 누린다."

前婺州國泰瑫禪師法嗣。婺州齊雲寶勝禪師。僧問。如何是齊雲境。師曰。龍潭徹底清烏龜得繼名。曰莫即這箇便是麼。師曰。道高龍虎伏八僊連太平。

"어떤 것이 제운의 물입니까?"

대사가 말하였다.

"용담은 항상 밑바닥까지 사무친 분이니, 헤아려 묻는다면 파도가 인다."

"그것이면 되지 않겠습니까?"

"옛 대궐에 향 연기가 없거늘 뉘라서 맑고 흐림을 가리겠는가?"

"깊고 깊은 곳은 어떠합니까?"

"그대가 깊고 깊은 곳을 알고자 하면 발아래 일어나는 구름마저 없애야 한다."

問如何是齊雲水。師曰。龍潭常徹底擬問即波瀾。曰莫只這箇便是麼。師曰。古殿無香煙誰人辨淸濁。曰未審深深處如何。師曰。闍梨欲識深深處。直須脚下絶雲生。

 토끼뿔

∽ "어떤 것이 제운의 경지입니까?" 했을 때

대원은 "이렇다." 하리라.

∽ "어떤 것이 제운의 물입니까?" 했을 때

대원은 "깊고 깊어 바닥없다는 것마저 없다." 하리라.

∽ "깊고 깊은 곳은 어떠합니까?" 했을 때

대원은 "그런 말이 없다." 하리라.

앞의 복주(福州) 승산(昇山) 백룡원(白龍院) 도희(道希) 선사의 법손

복주(福州) 광평(廣平) 현지(玄旨) 선사

현지 선사는 일찍이 황벽(黃檗)에 살았다.
법상에 올라 대중에게 보이고 말하였다.
"누가 증명할 수 있겠는가? 만일 증명한다면 위로 조사들을 저 버리는 일과 앞으로 후생들을 묻어 버리는 짓을 면한다 하겠지만, 만일 예사로 말이나 찾고 구절이나 헤아리려 한다면 대장경에 분명히 있다.

前福州昇山白龍院道希禪師法嗣。福州廣平玄旨禪師。曾住黃檗。上堂示衆曰。還有人證明麼。若有人證明。亦免孤負上祖埋沒後來。若是尋言數句大藏分明。

만일 조종(祖宗) 문중의 일이라면 어디를 괴이히 여기겠는가? 이렇게 말하는 것도 역시 잠깐 부득이한 말이다."

어떤 승려가 물었다.
"어떤 것이 광평의 경지입니까?"
"땅은 명산의 수려함을 받들었고, 골짜기는 바닷물의 맑음과 연이었다."
"어떤 것이 경지 안의 사람입니까?"
"그대가 물어 내가 대답한다."

"어떤 것이 법신의 본체입니까?"
"가없는 허공은 한 점의 티도 없다."
"어떤 것이 본체 안의 물건입니까?"
"하나의 둥글고 밝은 달이 가을 강에 비친다."
"본체와 물건은 나누어집니까, 나누어지지 않습니까?"

若是祖宗門中怪及什麼處。恁麼道亦是傍贅之辭。僧問。如何是廣平境。師曰。地擎名山秀谿連海水清。曰如何是境中人。師曰。汝問我答。問如何是法身體。師曰。廓落虛空絕玷瑕。曰如何是體中物。師曰。一輪明月散秋江。曰未審體與物分不分。

"아까 무엇이라 했는가?"

"그러면 나누지 못하겠습니다."

"귀고리를 단 인도 승려가 웃으면서 고개를 끄덕인다."

師曰。適來道什麼。曰恁麼即不分也。師曰。穿耳胡僧笑點頭。

 토끼뿔

"그러면 나누지 못하겠습니다." 했을 때

대원은 "그런 말이 곧 병이니라." 하리라.

복주(福州) 승산(昇山) 백룡(白龍) 청모(淸慕) 선사

청모 선사에게 어떤 승려가 물었다.
"어떤 것이 백룡이 비밀히 쓰는 하나의 기틀입니까?"
대사가 말하였다.
"그대는 매일 무엇을 쓰는가?"
"그러면 공연히 귀를 기울였습니다."
대사가 문득 할을 해서 내쫓았다.

"일체 중생이 날마다 쓰면서 알지 못한다 하니, 어떤 것이 날마다 쓰는 것입니까?"
"특별하게 대답한들 그대가 어찌 알겠는가?"

"올라온 것을 꾸짖지 마시고 소리 이전의 한 구절을 스님께서 말씀해 주십시오."
"분명히 해 주지 않았다고 말라."

　　福州昇山白龍清慕禪師。僧問。如何是白龍密用一機。師曰。汝每日用什麼。曰恁麼即徒勞側聆。師便喝出。問一切眾生日用而不知。如何是日用底。師曰。別祇對你爭得。問不責上來聲前一句請師道。師曰。莫是不辨麼。

 토끼뿔

"올라온 것을 꾸짖지 마시고 소리 이전의 한 구절을 스님께서 말씀해 주십시오."했을 때

대원은 "방자리 좌구가 나 먼저 누설하고 있구나."하리라.

복주(福州) 영봉(靈峯) 지은(志恩) 선사

지은 선사에게 어떤 승려가 물었다.
"어떤 것이 취모검(吹毛劍)입니까?"
대사가 말하였다.
"나는 앞으로 나가고 그대는 뒤로 물러선다."
"그러면 학인은 목숨을 잃겠습니다."
"물을 치지 않았는데 고기가 스스로 놀라는구나."

"어떤 것이 부처입니까?"
"다시 누가 있는가?"
"그렇다면 왜 미혹한 차별이 있습니까?"
"자기 스스로 양을 잃지 않았다면 무엇 하러 기로에서 울겠는가?"

福州靈峯志恩禪師。僧問。如何是吹毛劍。師曰。我進前汝退後。曰恁麼即學人喪身命去也。師曰。不打水魚自驚。問如何是佛。師曰。更是阿誰。曰既然如此爲什麼迷妄有差殊。師曰。但自不亡羊何須泣岐路。

"어떤 것이 영봉의 경지입니까?"

"만 겹의 푸른 산은 떡을 싸놓은 것 같고, 두 줄기 푸른 물은 그림과 같다."

"어떤 것이 경지 안의 사람입니까?"

"밝고 밝아서 밀밀하고, 밀밀하게 밝고 밝구나."

問如何是靈峯境。師曰。萬疊靑山如飣出。兩條綠水若圖成。曰如何是境中人。師曰。明明密密密密明明。

 토끼뿔

"어떤 것이 경지 안의 사람입니까?" 했을 때

대원은 "온통 다 보였다." 하리라.

복주(福州) 동선(東禪) 현량(玄亮) 선사

현량 선사에게 어떤 승려가 물었다.
"본래 미혹함도 깨침도 없는데 어째서 중생이 있습니까?"
대사가 말하였다.
"말에 떨어졌구나."

"조사와 조사가 서로 법인(法印)을 전하셨는데, 스님이 지금 이어받으신 것은 누구의 법입니까?"
"특별하게 증명해 줘서 매우 고맙다."
"그러면 백룡이 계실 당시에 친히 수기를 받으셨다가 오늘은 성인으로서 중생을 제도하시는군요."
"그대는 저울눈을 잘못 알지 말라."

福州東禪玄亮禪師。僧問。本無迷悟為什麼却有眾生。師曰。話墮。問祖祖相傳傳法印。師今繼嗣嗣何方。師曰。特謝證明。曰恁麼即白龍當時親受記。今日應聖度迷津。師曰。汝莫錯認定盤星。

 토끼뿔

◌ "본래 미혹함도 깨침도 없는데 어째서 중생이 있습니까?" 했을 때

대원은 "바로 그런 마음이니라." 하리라.

◌ "조사와 조사가 서로 법인(法印)을 전하셨는데, 스님이 지금 이어받으신 것은 누구의 법입니까?" 했을 때

대원은 "받았다면 법이랄 수 없다." 하리라.

장주(漳州) 보구원(報劬院) 현응(玄應) 정혜(定慧) 선사

정혜 선사는 천주(泉州) 진강현(晋江縣) 사람으로 성은 오(吳)씨이다. 어릴 때 출가하여 개원사(開元寺) 구불원(九佛院)에서 구족계를 받고, 율장과 대장경을 다 열람한 뒤에 복주에 가서 백룡(白龍) 도희(道希) 화상을 뵙고 인가를 받았다.

다시 고향의 청활(淸豁)로 돌아가서 보복암에서 법연(法筵)[23]을 마친 청활 장로를 만났는데, 귀호(貴湖)에서 한 번 보자 도가 같으므로 서로 뜻이 맞았다. 이에 청활이 신도에게 분부하여 암자의 서쪽에 있는 청양산(靑陽山)에다 집을 짓고 대사를 청해 살게 하니 20여년을 지냈다.

漳州報劬院玄應定慧禪師。泉州晉江縣人也。姓吳氏。幼出家於本州開元寺九佛院稟具。探律乘。閱大藏終秩。乃之福州謁白龍希和尚印可心地。却歸本州淸豁。會淸豁長老罷唱保福庵。於貴湖一見。以同道相契。豁命檀信於庵之西靑陽山創室。請師宴處二十餘載。

---

23) 법연(法筵) : 불법을 설하는 자리.

개보(開寶) 3년에 천주의 원수 진홍진(陳洪進)의 둘째 아들 문영(文顯)이 장주 자사로 임명되어 수남(水南)에다 큰 선원을 지어 이름을 보구원이라 하고, 누차 대사를 청해 주지를 하라 했으나 굳이 사양하고 가지 않았다.

대사의 형 인제(仁濟)가 군교(軍校)로 있었는데 문영이 인제를 산으로 보내 간곡히 뜻을 전하니, 대사는 마지못해 산에서 나왔다. 이때에 배우는 무리가 사방에서 모여 1500명이나 되니, 법연(法筵)을 크게 열었다.

어떤 승려가 물었다.
"어떤 것이 제일의입니까?"
대사가 말하였다.
"어떤 것이 제일의인가?"

開寶三年屬泉州帥陳洪進仲子文顯任漳州刺史於水南創大禪苑曰報劬。屢請師住持。固辭不往。師之兄仁濟爲軍校。文顯因遣仁濟入山述意勤懇。師不得已出山。時參學四集。僅千五百人隨從入院大啟法筵。僧問。如何是第一義。師曰。如何是第一義。

"학인이 스님께 여쭈었는데 어째서 스님께서는 학인에게 거꾸로 물으십니까?"

"그대가 아까 물은 것이 무엇이지?"

"제일의입니다."

"그대는 거꾸로 물었다고 여기는가?"

"어떤 것이 옛 부처님의 도량입니까?"

"올여름에는 1500명의 승려가 있었다."

진수(陳帥)가 대사의 도덕을 태조 황제에게 알리어 자의(紫衣)와 호를 하사하게 하였다. 개보(開寶) 8년에 세상을 떠나려 할 때 7일을 앞서 진수에게 글을 보내 하직을 알리고, 이어 보이고 한 게송을 말하였다.

曰學人請益。師何以倒問學人。師曰。汝適來請益什麽。曰第一義。師曰。汝謂之倒問耶。問如何是古佛道場。師曰。今夏堂中千五百僧。陳帥以師之道德聞於太祖皇帝。賜紫衣師號。開寶八年將順世。先七日遺書辭陳守。仍示一偈曰。

금년에 66세이나
세속 수명에 길고 짧음이 있을 뿐
무생(無生)의 불이 맹렬한데
유위의 장작불이 태운다 하랴
골짜기에서 나오고 근원에 돌아감이
일시에 모두 구족하노라

임종할 시각이 되자 문인들에게 훈계하였다.
"내가 죽거든 상복을 입거나 곡을 해서 어지럽게 하지 말라."
말을 마치고 앉은 채로 떠나니, 진수가 매우 서러워하여 예를 갖추어 초상을 치렀다. 다비 끝에 영골(靈骨)을 거두어 절 뒤에다 탑을 세웠다.

今年六十六
世壽有延促
無生火熾然
有爲薪不續
出谷與歸源
一時俱備足

及期日誡諸門人。吾滅後不得以喪服哭泣有亂規矩。言訖坐化。陳守傷歎盡禮送終。茶毘收靈骨於院之後山建浮圖。

 토끼뿔

"어떤 것이 옛 부처님의 도량입니까?" 했을 때

대원은 "드러났다." 하리라.

앞의 천주(泉州) 초경(招慶) 법인(法因) 대사의 법손

천주(泉州) 보은원(報恩院) 종현(宗顯) 명혜(明慧) 대사

명혜 대사는 처음에 흥국(興國)에 살았다.
어떤 승려가 물었다.
"신풍(新豊)의 일파가 흥국(興國)에서 나뉘었으니, 조사께서 서쪽에서 오신 뜻을 스님께서 거량해 주십시오."
대사가 말하였다.
"신풍에선들 얻었다 하랴."

前泉州招慶法因大師法嗣。泉州報恩院宗顯明慧大師。初住興國。有僧問。新豊一派興國分流。祖師西來請師舉唱。師曰。也在新豊得些子。

"그러면 법우(法雨)가 고루 뿌려져 중생들이 믿을 곳이 있겠습니다."

"쓸데없는 말을 말라."

"옛날 영산회상에서는 가섭이 친히 들었지만, 오늘날에는 누가 듣습니까?"
"문득 칠엽암(七葉巖)24) 가운데의 존자가 생각난다."

"옛날 각성(覺城)25)의 동쪽에서 법왕이 배회하니 다섯 무리가 모였는데, 오늘 태수께서 친히 자리에 납시었으니 스님께서는 어떻게 제접하시겠습니까?"
"눈썹을 치켜들고 보라."

問曰。恁麼即法雨滂霶洎群生有賴也。師曰。莫閑言語。問昔日靈山一會迦葉親聞。未審今日誰是聞者。師曰。却憶七葉巖中尊。問昔日覺城東際象王迴旋五眾咸臻。今日太守臨筵如何提接。師曰。貶上眉毛著。

---

24) 칠엽암(七葉巖) : 부처님 열반 후 500명의 비구들이 모여 경전을 제1차 결집한 곳.
25) 각성(覺城) : 마갈타국의 가야성으로 부처님께서 정각(正覺)을 이루신 도성.

"그러면 한 기틀이 드러나는 곳에 만 가지 인연이 모두 다하겠습니다."
"왜 번거롭게 말을 하는가?"

"어떤 것이 서쪽에서 오신 뜻입니까?"
"한낮에 매의 털을 본다."

대사가 나중에는 보은원(報恩院)에 살았는데, 어떤 승려가 물었다.
"학인이 꼭 한 가지만 묻겠으니 스님께서 답해 주십시오."
"창주(創住)가 아니면 저런 승려는 수용하기 어렵겠다."

"사구(四句)를 여의고 백비(百非)가 끊어진 것을 스님께서 말씀해 주십시오."
"푸르고 붉은 꽃이 뜰에 가득하다."

曰恁麽即一機顯處萬緣喪盡。師曰。何必繁辭。問如何是西來意。師曰。日裏看鵄毛。師後住報恩有僧問。學人都致一問請師道。師曰。不是創住這箇師僧也難容。問離四句絕百非請師道。師曰。青紅華滿庭。

"사량하는 곳을 관계하지 말고 위로부터 전하는 종승을 스님께서 바로 말씀해 주십시오."
대사가 말없이 보이니, 승려가 말하였다.
"그러면 메아리나 듣는 무리는 공연히 귀를 기울이겠습니다."
"벌써 때가 묻었구나."

"올라온 것을 꾸짖지 마시고 소리 이전의 한 구절을 스님께서 바로 말씀해 주십시오."
"그대는 어디서 왔는가?"
"그러면 밝은 스승을 만났다 하겠습니다."
"공연한 말을 말라."

"어떤 것이 인왕(人王)입니까?"
"받들어 모실 때에 감히 경솔히 하지 못한다."
"어떤 것이 법왕(法王)입니까?"

問不涉思量處從上宗乘請師直道。師良久。僧曰。恁麼即聽響之流徒勞側耳。師曰。早是粘膩。問不責上來聲前一句請師直道。師曰。汝自何來。曰恁麼即得遇明師也。師曰。莫閑言語。問如何是人王。師曰。奉對不敢造次。曰如何是法王。

천주(泉州) 보은원(報恩院) 종현(宗顯) 명혜(明慧) 대사

"저버리지 않는 것이 좋다."
"법왕과 인왕은 마주 앉아서 무엇을 이야기합니까?"
"그대가 엿들을 바가 아니다."

師曰。莫孤負好。曰未審人王與法王對譚何事。師曰。非汝所聆。

 토끼뿔

"옛날 영산회상에서는 가섭이 친히 들었지만 오늘날에는 누가 듣습니까?" 했을 때

대원은 "듣고 대답 잘 하는구나." 하리라.

금릉(金陵) 용광원(龍光院) 징개(澄忓)선사

징개 선사는 광주(廣州) 사람으로 성은 진(陳)씨이다. 어릴 때에 고향에 있는 관음원(觀音院)에서 출가하여 나이가 들어 남화사(南華寺)에서 계를 받았다.

이어 길을 떠나 천주(泉州)로 가서 법인(法因) 대사를 뵙고 마음자리를 깨친 뒤에 서주(舒州)의 산곡사(山谷寺)로 가서 살았다.

어떤 승려가 새로 오니, 대사가 물었다.

"어디서 왔는가?"

"강남(江南)에서 왔습니다."

"그대는 나룻배에다 절을 했는가?"

"화상께서는 왜 나룻배에 절을 하라 하십니까?"

"그게 그대의 선지식이니라."

金陵龍光院澄忓禪師。廣州人也。姓陳氏。幼出家於本州觀音院。年滿納戒於韶州南華寺。尋遊方抵於泉州。參法因大師印悟心地。後住舒州山谷寺。有僧新到。師問。什麽處來。曰江南來。師曰。汝還禮渡江船子麽。曰和尙爲什麽敎禮渡江船子。師曰。是汝善知識。

또 제안(齊安)의 용광원(龍光院)에서 살았는데, 전후 세 곳에서 무리를 모아 설법을 하다가 용광에서 생애를 마쳤다.

又住齊安龍光前後三處。聚徒說法終於龍光。

● 토끼뿔

"그대는 나룻배에다 절을 했는가?" 했을 때

대원은 "그런 절은 새삼스런 것입니다." 하리라.

영흥(永興) 북원(北院) 가휴(可休) 선사(제2세 주지)

가휴 선사에게 어떤 승려가 물었다.
"어떤 것이 서쪽에서 오신 뜻입니까?"
대사가 말하였다.
"온 천하에 두루 가득하니라."
"곧 이것뿐 아니겠습니까?"
"이는 곧 편안히 취하기를 쉬어라."

"큰 업을 지은 이가 와도 스님께서는 제접하시겠습니까?"
"제접하지 않는다."
"왜 제접하지 않습니까?"
"다행히 좋은 사람 집의 남녀이기 때문이다."

永興北院可休禪師(第二世住)。僧問。如何是西來意。師曰。遍滿天下。僧曰。莫便是麼。師曰。是卽牢收取。問大作業底人來師還接否。師曰。不接。曰爲什麼不接。師曰。幸是好人家男女。

 토끼뿔

"큰 업을 지은 이가 와도 스님께서는 제접하시겠습니까?" 했을 때

대원은 "차를 들며 담소 할 만 하겠구나." 하리라.

침주(郴州) 태평원(太平院) 청해(淸海) 선사

청해 선사에게 어떤 승려가 물었다.
"옛사람이 말하기를 묻고 배워서 얻는 것은 아니라고 하였는데, 조사께서는 어찌하여 누구라도 깨달으면 부처가 된다고 하십니까?"
대사가 말하였다.
"깨달아 마쳐야 안다."

"위로부터의 종승을 차례차례 전해 주셨는데, 오늘 어떻게 들어서 제창하시겠습니까?"
"백운이 깊은 골짜기에서 나오고, 유명한 꽃과 진기한 풀이 산마루에 난다."

"어떤 것이 말 구절 속의 사람입니까?"
"잘 판단하라."

郴州太平院清海禪師。僧問。古人道不從請益得。祖師爲什麽道誰得作佛。師曰。悟了方知。問從上宗乘次第指授。未審今日如何擧唱。師曰。白雲透出深洞裏。名花異草嶺頭生。問如何是句中人。師曰。好辨。

 토끼뿔

∞ "옛사람이 말하기를 묻고 배워서 얻는 것은 아니라고 하였는데, 조사께서는 어찌하여 누구라도 깨달으면 부처가 된다고 하십니까?" 했을 때

대원은 "그대 같은 이가 있기에 그런 말도 있느니라." 하리라.

∞ "위로부터의 종승을 차례차례 전해 주셨는데, 오늘 어떻게 들어서 제창하시겠습니까?" 했을 때

대원은 "제창은 이 주장자가 잘한다." 하면서 주장자를 세우리라.

∞ "어떤 것이 말 구절 속의 사람입니까?" 했을 때

대원은 "더 드러낼 수 없다." 하리라.

연주(連州) 자운(慈雲) 보광(普廣) 혜심(慧深) 대사

혜심 대사에게 어떤 승려가 물었다.
"바사익왕이 부처님을 청하여 당시에 불법을 받들었고, 우리 국왕이 스님을 맞이하여 오늘날 종승을 일으키시니, 바라건대 방편을 베푸시어 아낌없이 거양해 주십시오."
대사가 말하였다.
"번거롭게 두 번 거듭 묻지 말라."

"어떤 것이 대원경(大圓鏡)입니까?"
"드러났다."

"어떤 것이 모든 것을 초월했다는 것마저 세우지 않는 일입니까?"
"분명하게 들어라."

連州慈雲普廣大師慧深。僧問。匡王請佛既奉法於當時。我后延師蓋興宗於此日。幸施方便無恪舉揚。師曰。不煩再問。問如何是大圓鏡。師曰。著。問如何是向上事。師曰。分明聽取。

 토끼뿔

∽ "어떤 것이 대원경입니까?" 했을 때

대원은 "그것이다." 하리라.

∽ "어떤 것이 모든 것을 초월했다는 것마저 세우지 않는 일입니까?" 했을 때

대원은 "매사에 이러-하고 이러-한 매사니라." 하리라.

영주(郢州) 흥양산(興陽山) 도흠(道欽) 선사(제2세 주지)

도흠 선사에게 어떤 승려가 물었다.
"어떤 것이 흥양의 경지입니까?"
대사가 말하였다.
"송죽(松竹)을 가꾸니 산 그림자가 푸르고, 흐르는 개울이 절 마당을 지나간다."

"어떤 것이 부처입니까?"
"이 무엇인고?"

郢州興陽山道欽禪師(第二世住)。僧問。如何是興陽境。師曰。松竹乍栽山影綠。水流穿過院庭中。問如何是佛。師曰。更是什麽。

 토끼뿔

"어떤 것이 부처입니까?" 했을 때

대원은 "설날 아침 때때옷 입은 아이니라." 하리라.

앞의 무주(婺州) 보은(報恩) 보자(寶資) 선사의 법손

처주(處州) 복림(福林) 징(澄) 화상

징(澄) 화상에게 어떤 승려가 물었다.
"어떤 것이 가람(伽藍)입니까?"
대사가 말하였다.
"기(旗)와 번(幡)26)이 없다."
"어떤 것이 가람 안의 사람입니까?"
"우러러 참례하면 명백하다."

前婺州報恩寶資禪師法嗣。處州福林澄和尚。僧問。如何是伽藍。師曰。勿幡幀。曰如何是伽藍中人。師曰。瞻禮卽有分。

---

26) 번(幡) : 설법시 절 안에 세우는 깃발. 부처님과 보살의 성덕(盛德)을 나타내는 것으로 꼭대기에 종이나 비단 따위를 가늘게 오려서 단다.

"하당(下堂)하는 한 구절을 아끼지 말아 주십시오."

"한가히 읊던 오직 방 거사(龐居士)를 생각하노라면, 천상과 인간에서 따를 이가 없구나."

問下堂一句請師不悋。師曰。閑吟唯憶龐居士。天上人間不可陪。

토끼뿔

"하당(下堂)하는 한 구절을 아끼지 말아 주십시오." 했을 때

대원은 "방석이 누설하고 있다." 하리라.

앞의 처주(處州) 취봉(翠峯) 종흔(從欣) 선사의 법손

처주(處州) 보은(報恩) 수진(守眞) 선사

수진 선사에게 어떤 승려가 물었다.
"여러 관원이 이미 인천의 모임에 모였으니, 보은의 오늘 일이 어떠합니까?"
대사가 말하였다.
"그대가 제방에 가거든 분명히 이야기하라."

"어떤 것이 불법의 대의입니까?"
"번개가 번득이니, 새의 날개가 급해지고 토끼의 뜀이 빨라진다."

前處州翠峯從欣禪師法嗣。處州報恩守眞禪師。僧問。諸官已結人天會。報恩今日事如何。師曰。闍梨到諸方分明擧。問如何是佛法大意。師曰。閃爍鳥飛急。奔騰兔走頻。

 토끼뿔

"여러 관원이 이미 인천의 모임에 모였으니, 보은의 오늘 일이 어떠합니까?" 했을 때

대원은 "어떻다 하겠는가?" 하리라.

앞의 양주(襄州) 취령(鷲嶺) 명원(明遠) 선사의 법손

양주(襄州) 취령(鷲嶺) 통(通) 화상(제2세 주지)

통(通) 화상에게 어떤 승려가 물었다.

"세존께서 도를 얻으심으로 바탕의 불가사의함과 허공의 불가사의함을 판가름 하셨는데, 화상께서 도를 얻으심으로는 어떤 사람을 판가름 하셨습니까?"

대사가 말하였다.

"그대가 판가름 해주어서 고맙다."

前襄州鷲嶺明遠禪師法嗣。襄州鷲嶺通和尚(第二世住)。僧問。世尊得道地神報虛空神。和尚得道未審什麼人報。師曰。謝你報來。

 토끼뿔

"세존께서 도를 얻으심으로 바탕의 불가사의 함과 허공의 불가사의 함을 판가름 하셨는데, 화상께서 도를 얻으심으로는 어떤 사람을 판가름 하셨습니까?" 했을 때

대원은 "도 얻은 적도 없다." 하리라.

앞의 항주(杭州) 용화사(龍華寺) 지구(志球) 선사의 법손

항주(杭州) 인왕원(仁王院) 준(俊) 선사

준(俊) 선사에게 어떤 승려가 물었다.
"듣건대 옛사람이 말하기를 '모든 것을 초월했다는 것마저 세우지 않는 한 길은 천 성인도 전하지 못한다.'라고 했다 하니, 어떤 것이 전하지 못하는 모든 것을 초월했다는 것마저 세우지 않는 한 길입니까?"
대사가 말하였다.
"모든 것을 초월했다는 것마저 세우지 않고 물어라."

前杭州龍華寺志球禪師法嗣。杭州仁王院俊禪師。僧問。承古有言。向上一路千聖不傳。如何是向上不傳底事。師曰。向上問將來。

"그러면 위로부터 온 것이라거나 전해 간다고도 할 수 없겠습니다."

대사가 말하였다.

"이미 그런 줄 알면 이같이 걸어와서 무엇 하겠는가?"

曰恁麼即上來不當去也。師曰。既知如此蹋步上來作什麼。

토끼뿔

"듣건대 옛사람이 말하기를 '모든 것을 초월했다는 것마저 세우지 않는 한 길은 천 성인도 전하지 못한다.'라고 했다 하니, 어떤 것이 전하지 못하는 모든 것을 초월했다는 것마저 세우지 않는 한 길입니까?" 했을 때

대원은 "상량은 누어서 제구실을 하고, 기둥은 서서 제구실을 한다." 하리라.

앞의 장주(漳州) 보복원(保福院) 가주(可儔) 선사의 법손

장주(漳州) 융수(隆壽) 무일(無逸) 선사

무일 선사가 처음 개당(開堂)하는 날에 자리에 올라 말없이 보이고 대중에게 말하였다.

"여러 상좌들이여, 만일 상근기의 사람이라면 벌써 귀를 막았고, 중하근기의 사람이라면 앞을 다투어 귀를 기울이리라. 비록 그러나, 역시 마지못해서 하는 말이다. 여러 상좌들이여, 이 뒤에 딴 곳에 갔을 때에 어떤 사람이 오늘의 일을 물으면 어떻게 대답하겠는가?

前漳州保福院可儔禪師法嗣。漳州隆壽無逸禪師。初開堂陞座良久謂眾曰。諸上座若是上根之士早已掩耳。中下之流競頭側聽。雖然如此猶是不得已而言。諸上座。他時後日到處有人問著今日事。且作麼生舉似他。

만일 이야기할 수 있다면 말로만 논란하는 것이요, 만일 이야기할 수 없다면 혀가 없는 것 같으리니, 어떻게 이야기 하겠는가?"
어떤 승려가 물었다.
"절묘한 종풍(宗風)을 스님께서 보여 주십시오."
대사가 말없이 보이니, 승려가 말하였다.
"그러면 의정(疑情)을 단박에 결단해서 마음 근원에 계합한 것이겠습니다만, 모든 것을 초월했다는 것마저 세우지 않는 종승은 어떻게 말씀하시겠습니까?"
대사가 말하였다.
"그대 스스로가 깨달아야 된다."

若也擧得舌頭鼓舌頭論。若也擧不得如無三寸且作麼生擧。僧問。絕妙宗風請師垂示。師良久。僧曰。怎麼卽頓決疑情便契心源。向上宗乘如何言論。師曰。待汝自悟始得。

토끼뿔

"절묘한 종풍(宗風)을 스님께서 보여 주십시오." 했을 때

대원은 "절묘함이니 잘 보라." 하리라.

앞의 담주(潭州) 연수사(延壽寺) 혜륜(慧輪) 선사의 법손

여산(廬山) 귀종(歸宗) 도전(道詮) 선사(제12세 주지)

도전 선사는 길주(吉州) 안복(安福) 사람으로 성은 유(劉)씨이다. 어릴 때부터 누린내와 비린내를 싫어하더니, 귀밑머리를 딸 나이가 되자 고향의 사(思) 화상에게 귀의하여 업을 닦다가 혜륜(慧輪) 화상이 장사(長沙)에서 교화한다는 말을 들었다. 이때 마(馬)씨가 외람되게 왕을 자칭하고 건강(建康)과 경계를 맞대고 있었는데, 대사가 25세의 나이로 도반을 모아 위험을 무릅쓰고 멀리 와서 혜륜 화상을 찾아뵈었다

前潭州延壽寺慧輪禪師法嗣。廬山歸宗第十二世道詮禪師。吉州安福人也。姓劉氏。生惡葷血。髫齓禮本州思和尚受業。聞慧輪和尚化被長沙。時馬氏僭竊[27]與建康接壤。師年二十五結友冒險遠來參尋。

---

27) 僭竊이 원나라본에는 竊據荊楚로 되어 있다.

뒤에 마씨는 다시 유언(劉言)을 멸망시키고 그 땅까지 차지하여 왕규(王逵)로 하여금 유언의 대를 잇게 했는데, 왕규가 대사를 강표(江表)의 첩자로 의심하고 대사를 붙들어 강에다 던지게 하였다.

그러나 대사는 태연히 앉아 겁이 없으니 왕규가 이상히 여겨 혜륜 화상에게 물었다. 이에 혜륜 화상이 말하였다.

"불법을 위해 몸을 버린 사람이오. 나의 헛된 이름을 듣고 멀리서 물으러 왔을 뿐이오."

왕규가 이 말을 듣고 풀어준 뒤에 더욱 존중히 여겼다.

대사가 연수(延壽)에서 머문 지 10여 년 만에 혜륜 화상이 입적하니, 다시 여산의 개선(開先)으로 돌아가서 살았고, 건덕(乾德) 초에 산동(山東)에 있는 남우수봉(南牛首峯) 밑에다 띠 집을 짓고 살았다.

後[28]馬氏滅劉言有其地。王逵復代劉言[29]。逵疑師江表諜者。乃令捕執將沈於江。師怡然無怖。逵異之。且詢輪和尚。輪曰。斯皆為法忘軀之人也。聞老僧虛譽故來決擇耳。逵悅而釋之。仍加禮重。師棲泊延壽經十稔。輪和尚歸寂。乃迴廬山開先駐錫。乾德初於山東南牛首峯下。結茅為室。

---

28) 後가 원나라본에는 會로 되어 있다.
29) 王逵復代劉言이 원나라본에는 以王逵代劉言領其事로 되어 있다.

개보(開寶) 5년에 대장군인 임인조(林仁肇)가 균양(筠陽)의 구봉(九峯) 융제원(隆濟院)에 살면서 종지를 드날리라고 청하였다. 그리고 본국에서 대사문(大沙門)이란 호를 하사하였다.

어떤 승려가 물었다.
"듣건대 화상께서는 연수를 뵙고 오셨다는데 사실입니까?"
대사가 말하였다.
"산 아래 보리가 익었던가?"

"구봉산 안에도 불법이 있습니까?"
"있다."
"어떤 것이 구봉산 안의 불법입니까?"
"산 속에 있는 돌이 큰 것은 크고 작은 것은 작으니라."

開寶五年洪帥林仁肇請居筠陽九峯隆濟院。闡揚宗旨。本國賜大沙門號。僧問。承聞和尚親見延壽來是否。師曰。山前麥熟也未。問九峯山中還有佛法也無。師曰。有。曰如何是九峯山中佛法。師曰。山中石頭大底大小底小。

얼마 지나지 않아 강남국이 멸망하고, 승려들은 나라의 규정에 따라 시험을 보게 되었는데, 대사의 제자들은 모두가 선관(禪觀)을 익혔으므로 게송 하나를 지어 군수에게 바쳤다.

말을 잊고 태허(太虛)에 합해
마음이 화평하여 친하고 친하지 않음이 없거늘
누가 도와 덕이 온전히 쓸모없음을 알랴
오늘날 승려를 위한다지만 글 아는 이를 귀히 여길 뿐일세

이때 군수가 열람한 뒤 관원들과 상의하고 말하였다.
"전단 숲속에는 반드시 잡된 나무가 없다 했네."
그리하여 대사의 선원 하나만을 특별히 위에 아뢰어 경전 시험을 면하게 하였다.

尋屬江南國絕。僧徒例試經業。師之徒眾並習禪觀。乃述一偈聞於州牧曰。
比擬忘言合太虛
免教和氣有親疎
誰知道德全無用
今日爲僧貴識書
時州牧閱之。與僚佐議曰。栴檀林中必無雜樹。唯師一院特奏免試經。

태평흥국(太平興國) 9년에 남강(南康)의 원수인 장남금(張南金)이 먼저 글을 올려 대사에게 알린 뒤에 도속을 모아놓고 귀종도량에 와서 앉기를 청하였다.

어떤 승려가 물었다.
"어떤 것이 귀종의 경지입니까?"
대사가 말하였다.
"천 가지 삿됨은 한 가지 곧은 것만 못하니라."

"어떤 것이 부처입니까?"
"눈이 녹으면 봄은 자연히 온다."

"어떤 것이 학인 자신입니까?"
"자리가 좁으면 먼저 눕고, 죽이 묽으면 나중에 받아라."

太平興國九年南康知軍張南金先具疏白師。然[30] 集道俗迎請坐歸宗道場。僧問。如何是歸宗境。師曰。千邪不如一直。問如何是佛。師曰。待得雪消後。自然春到來。問如何是學人自己。師曰。床窄先臥粥稀後坐。

---

30) 然이 원나라본에는 然後로 되어 있다.

"옛사람이 말하기를 '바람이 움직이는 것도 아니요, 번(幡)이 움직이는 것도 아니다.'라고 하였으니 어떠합니까?"
"내일 길 어귀에 저자가 열린다."

대사는 옹희(雍熙) 2년 11월 28일 밤중에 가부좌를 맺고 앉아서 대중에게 알리고 입적하니, 수명은 56세이고, 법랍은 37세였다. 다비를 마치고 사리를 거두어 우수암 곁에다 탑을 세웠다. 대사는 노래와 게송을 많이 지었는데 모두 세상에 퍼졌다.

問古人道。不是風動不是幡動如何。師曰。來日路口有市。師雍熙二年十一月二十八日中夜趺坐。白眾而順寂。壽五十六。臘三十七。茶毘舍利塔於牛首庵所。師頗有歌頌流傳於世。

◈ 토끼뿔

∽ "어떤 것이 구봉산 안의 불법입니까?" 했을 때

대원은 "코스모스 꽃잎에 조는 가을볕이다." 하리라.

∽ "옛사람이 말하기를 '바람이 움직이는 것도 아니요, 번(幡)이 움직이는 것도 아니다.'라고 하였으니 어떠합니까?" 했을 때

대원은 "물은 내려가고 불은 올라간다." 하리라.

담주(潭州) 용흥(龍興) 유(裕) 선사

유(裕) 선사에게 어떤 승려가 물었다.
"어떤 것이 학인 자신입니까?"
대사가 말하였다.
"장삼이사(張三李四)이니라."
"학인이 아까 자신을 물었는데 어째서 장삼이사라 하십니까?"
"그대는 너무 경솔히 굴지 말라."

"다른 것은 묻지 않겠습니다. 어떤 것이 화상의 가풍입니까?"
"가풍은 그만두고 어느 것이 그대가 묻지 않는 다른 것들인가?"

潭州龍興裕禪師。僧問。如何是學人自己。師曰。張三李四。曰比來問自己。爲什麼道張三李四。師曰。汝且莫草草。問諸餘即不問。如何是和尚家風。師曰。家風即且置。阿那箇是汝不問底諸餘。

토끼뿔

"학인이 아까 자신을 물었는데 어째서 장삼이사라 하십니까?" 했을 때

대원은 "한로축괴(韓獹逐塊)로구나." 하리라.

앞의 소주(韶州) 백운(白雲) 상(祥) 화상의 법손

소주(韶州) 대력(大歷) 화상

대력 화상이 처음에 백운(白雲)에게 참문하니, 백운이 주먹을 들면서 말하였다.
"나는 요새 그렇지 않다."
대사가 뜻을 알고 절을 하였다. 이로부터 입실하였는데 주지가 된 뒤에 어떤 승려가 물었다.
"어떤 것이 서쪽에서 오신 뜻입니까?"
대사가 말하였다.
"헤어진 짚신이니라."

前韶州白雲祥和尚法嗣。韶州大歷和尚。初參白雲。白雲擧拳曰。我近來不恁麼也。師領旨禮拜。自此入室。住後僧問。如何是西來意。師曰。破草鞋。

"어떤 것이 무위(無爲)입니까?"
대사가 손을 흔들었다.

"시주자가 공양을 올리면 무엇으로 보답합니까?"
대사가 손으로 수염을 쓰다듬으니, 승려가 말하였다.
"수염이 있으면 쓰다듬겠지만 수염이 없으면 어찌합니까?"
"그대의 경지가 아니다."

대사가 어두운 방에 앉아 있는데 어떤 승려가 와서 의심스러워하니, 대사가 한 대 때렸다. 그러나 그 승려는 헤아리지 못하였다.

問如何是無爲。師乃擺手。問施主供養將何報答。師以手撚髭。僧曰。有髭即撚無髭如何。師曰。非公境界。師在暗室坐。有僧來不審。師乃與一掌。僧不測。

 토끼뿔

"어떤 것이 무위(無爲)입니까?" 했을 때

대원은 "산은 높고 강은 낮다." 하리라.

연주(連州) 보화(寶華) 화상

보화 화상이 법상에 올라 대중에게 말하였다.

"하늘을 보고 땅을 보라. 신라 나라에서 합장하여 인사를 올리고, 날마다 만 냥의 황금을 쓴다 해도, 비록 이러-해서 약간의 자격이 있을 뿐이다."

또 말하였다.

"온 시방세계가 온통 나무로 만든 나한이다. 깃대 끝의 한 구절을 말해 봐라."

또 말하였다.

"하늘에는 용이 날고 봉이 달리며, 산골짜기에서는 범이 휘파람을 불고 원숭이가 운다. 콧구멍을 꼭 쥐고 일구(一句)를 일러 봐라."

連州寶華和尚。師上堂示眾曰。看天看地。新羅國裏。和南不審。日消萬兩黃金。雖然如是猶是少分。又曰。盡十方世界是箇木羅漢。幡竿頭上道將一句來。又曰。天上龍飛鳳走山間虎嘯猿啼。拈却[31]鼻孔道將一句來。

---

31) 却이 송나라, 원나라본에는 向으로 되어 있다.

어떤 승려가 물었다.

"어떤 것이 보화의 경지입니까?"

대사가 말하였다.

"앞에는 푸른 물이요, 뒤에는 청산이니라."

"잘 모르겠습니다."

"최후의 일구(一句)이니라."

대사가 어떤 승려에게 물었다.

"어디서 왔는가?"

승려가 대답하였다.

"대용(大容)에서 왔습니다."

"대용이 요새는 무엇을 하던가?"

"근래에는 장 한 독을 담았습니다."

대사가 소리쳤다.

"사미야, 물 한 그릇을 떠다가 저 승려에게 그림자를 비춰 보게 하라."

僧問。如何是寶華境。師曰。前頭綠水後面青山。僧曰。不會。師曰。末後一句。師問僧。什麼處來。曰大容來。師曰。大容近日作麼生。曰近來合得一瓮醬。師曰。沙彌將一椀水來與這僧照影。

어떤 승려가 대용에게 묻기를 '위에서 육수(六銖)의 옷을 내리시니 입고서 무엇으로 황제의 은혜에 보답하시겠습니까?'라고 하니, 대용이 말하기를 '올 때에는 삼사납(三事衲)을 입고 갈 때에는 육수의 옷을 걸친다.'라고 한 것을 듣고, 대사가 말하였다.

"저 늙고 썩은 고름 주머니가 그런 소리를 하는구나."

대용이 듣고 사람을 보내 말하였다.

"어찌 인연의 노예가 됨을 끊지 못한 것과 같겠는가?"

대사가 말하였다.

"벽돌을 던진 것은 옥을 얻기 위해서였다."

대사가 어떤 승려가 법당 앞 층계 밑으로 지나가는 것을 보고 승상을 두드리니, 승려가 말하였다.

"만일 그렇다면 들어서 보이기를 바랄 것이 없습니다."

대사가 기뻐하면서 땅으로 내려가서 물었더니, 전혀 말이 없으므로 대사가 때렸다.

因有僧問。大容云。天賜六銖披掛。後將何報答我皇恩。大容云。來披三事衲。歸掛六銖衣。師聞之乃曰。這老凍黸。作恁麼語話。大容聞令人傳語云。何似奴緣不斷。師曰。比為拋甎只圖引玉。師見一僧從法堂階下過。師乃敲繩床。僧曰。若是這箇不請拈出。師喜下地問之並無說處。師乃打。

대사는 언젠가 관을 쓰고 대중에게 말하였다.
"속인이라 하자니 가사를 입었고, 승려라 하자니 관을 썼다."
대중이 대답이 없었다.

師有時戴冠子謂眾曰。若道是俗且身披袈裟。若道是僧又頭戴冠子。大眾無對。

토끼뿔

"하늘에는 용이 날고 봉이 달리며, 산골짜기에서는 범이 휘파람을 불고 원숭이가 운다. 콧구멍을 꼭 쥐고 일구(一句)를 일러 봐라." 했을 때

대원은 "험." 하리라.

소주(韶州) 월화(月華) 화상

월화 화상이 처음에 백운을 뵈니 백운이 물었다.
"무슨 공부를 하는가?"
대사가 말하였다.
"『공작경(孔雀經)』[32]을 읽습니다."
이에 다시 백운이 말하였다.
"멀쩡한 사람이 날짐승의 뒤를 따르고 있구나."
대사가 이 말을 듣고 깜짝 놀랐다. 마침내 그의 제자가 되어 오랜 세월이 지난 뒤에 법을 깨달았다. 그리고는 월화에 가서 살았다.

어떤 승려가 물었다.
"어떤 것이 월화의 가풍입니까?"
대사가 말하였다.

韶州月華和尙。初謁白雲。雲問曰。業箇什麼。師對曰。念孔雀經。白雲曰。好箇人家男子隨鳥雀後。師聞語驚異。遂依附久之乃契旨。尋住月華。有僧問。如何是月華家風。師曰。

---

32) 공작경(孔雀經) : 공작 명왕의 주문을 써 놓은 불경.

"가풍을 물으니 가풍을 대답하노라."
"학인이 가풍을 물었습니다."
"금동(金銅)으로 만든 나한이니라."

대사가 어떤 승려에게 물었다.
"어디서 왔는가?"
승려가 대답하였다.
"대용에서 왔습니다."
"동쪽 길로 왔는가, 서쪽 길로 왔는가?"
"서쪽 길로 왔습니다."
"아미타불을 보았는가?"
승려가 한참 있다가 절을 하니, 대사가 말하였다.
"월화에게 절을 해서 무엇 하리오."

대사가 서울에 가서 법당에 오르니, 어떤 관리가 나와서 절을 하고 일어나서 고개를 숙이고 한참 있자, 대사가 말하였다.

若問家風即答家風。曰學人問家風。師曰。金銅羅漢。師問僧。什麼處來。曰大容來。師曰。東路來西路來。曰西路來。師曰。還見彌陀麼。僧良久禮拜。師曰。禮拜月華作麼。師入京上堂。有一官人出禮拜起低頭良久。師曰。

"번개같이 민첩한 근기가 공연히 수고롭게 우두커니 생각하는구나."

어떤 노숙이 왔다가 법당으로 들어와서 동서를 돌아보면서 말하였다.
"좋은 법당에 주인이 없구나."
대사가 방장실에 있다가 이 말을 듣고 말하였다.
"앉아라."
이에 노숙이 물었다.
"현묘한 가운데 가장 현묘하다 해도 역시 거북이 털과 토끼 뿔일 뿐이니, 2제(諦) 속에서 수행하지 않는 이는 어떻게 비밀한 작용을 합니까?"
"측(側)."
"그러면 주장자를 꺾어 버리고 짚신을 뜯어 버려야 되겠습니다."
"세밀하고도 자세히 알아야 하느니라."

擊電之機徒勞佇思。有老宿入到法堂顧視東西曰。好箇法堂且無主。師在方丈聞之曰。且坐。老宿問曰。玄中最的猶是龜毛兔角。不向二諦中修如何密用。師曰。側。曰恁麼則拗折拄杖割斷草鞋去也。師曰。細而詳之。

 토끼뿔

"현묘한 가운데 가장 현묘하다 해도 역시 거북이 털과 토끼 뿔일 뿐이니, 2제(諦) 속에서 수행하지 않는 이는 어떻게 비밀한 작용을 합니까?" 했을 때

대원은 "이렇느니라" 하리라.

남웅주(南雄州) 지장(地藏) 화상

지장 화상이 법상에 오르니 어떤 승려가 물었다.
"지장이라 하시니 지장이 오셨습니까?"
대사가 말하였다.
"불전의 문을 활짝 열고 향을 피우고 물을 갈아라."

대사가 대용 화상과 함께 백운에 있는 불길을 열고 나니, 대용이 말하였다.
"세 가닥으로 된 보배 계단일지라도 어찌 이날 불길과 같겠습니까?"
대사가 말하였다.
"어디가 그렇지 않은가?"

南雄州地藏和尚。上堂有僧問。既是地藏地藏還來否。師曰。打開佛殿門裝香換水。師與大容和尚在白雲開火路。大容曰。三道寶階何似箇火路。師曰。甚麼處不是。

🐦 토끼뿔

"지장이라 하시니 지장이 오셨습니까?" 했을 때

대원은 "차나 들라." 하리라.

영주(英州) 낙정(樂淨) 함광(含匡) 선사

함광 선사가 개당하는 날 대중에게 말하였다.
"마갈제(摩竭提) 나라에서 친히 이 법령을 시행하셨으니, 등짐을 벗어 버리고 갈래〔流〕[33]를 끊고 서로 보기를 청한다."

어떤 승려가 물었다.
"어떤 것이 서쪽에서 오신 뜻입니까?"
대사가 말하였다.
"귀를 기울여도 공이 없다."

"어떤 것이 낙정(樂淨)의 가풍입니까?"
"천지가 사람을 기른다."

英州樂淨含匡禪師。開堂日謂衆曰。摩竭提國親行此令。去却擔簦請截流相見。僧問。如何是西來意。師曰。側耳無功。問如何是樂淨家風。師曰。天地養人。

---

[33] 갈래〔流〕: 육취(六趣), 즉 중생의 여섯 무리.

"어떤 것이 낙정의 경지입니까?"

"공력(功力)이 넉넉한데도 대〔竹〕만을 심고, 틈이 없다 하면서 솔은 가꾸지 않는다."

"갑자기 객이 오면 무엇으로 대접합니까?"

"밭에 가득히 가을 과일이 익었으니 원하는 이는 가까이 와서 맛 봐라."

"보리의 자리에도 앉지 않고 바로 저쪽으로 지나갔을 때에는 어떠합니까?"

"놓아 버려라."

"스님은 누구의 곡조를 부르시고, 종풍은 누구의 것을 이으셨습니까?"

"참신한 천지요, 특별한 건곤이니라."

問如何是樂淨境。師曰。有功貪種竹。無暇不栽松。曰忽遇客來將何供養。師曰。滿園秋果熟要者近前嘗。問不坐菩提座直過那邊如何。師曰。放過。問師唱誰家曲。宗風嗣阿誰。師曰。斬新世界特地乾坤。

"용문을 뛰어넘는데 뜻을 둔 이라면 어떠합니까?"
"여울 밑에서 건진다."
"학인이 잘 모르겠습니다."
"행두(行頭)34)를 불러와라."

"근본을 얻기만 하면 끝을 걱정하지 말라 하는데, 어떤 것이 근본입니까?"
"남에게 물을 필요가 없다."
"어떤 것이 끝입니까?"
대사가 손가락을 세웠다.

"어떤 것이 낙정의 경지입니까?"
"보름달이 둥그니 보살의 얼굴이요, 뜰 앞의 종려는 야차의 머리 같다."

問龍門有意透者如何。師曰。灘下接取。曰學人不會。師曰。喚行頭來。問但得本莫愁末。如何是本。師曰。不要問人。曰如何是末。師乃竪指。問如何是樂淨境。師曰。滿月團圓菩薩面。庭前椶樹夜叉頭。有僧辭。師問。

---

34) 행두(行頭) : 소임의 이름.

어떤 승려가 하직하니 대사가 물었다.

"어디로 가는가?"

"대용으로 갑니다."

"대용이 만일 낙정이 요새 무어라 가르치더냐고 물으면, 그대는 어떻게 대답하겠는가?"

승려가 대답이 없으니, 대사가 대신 말하였다.

"그저 낙정이 요새는 대용을 긍정하지 않더라고만 하라."

울력으로 울타리를 막는데 어떤 승려가 물었다.

"옛사람은 갖가지로 방편의 문을 열었는데, 화상께서는 어찌하여 막으십니까?"

"말뚝을 꼭 박아라."

什麽處去。曰大容去。師曰。大容若問樂淨近日有何言教。汝作麽生祗對。僧無語。師代曰。但道樂淨近日不肯大容。因普請打籬次有僧問。古人種種開方便門。和尚爲什麽却攔截。師曰。牢下橛著

 토끼뿔

"옛사람은 갖가지로 방편의 문을 열었는데, 화상께서는 어찌하여 막으십니까?" 했을 때

대원은 "이보다 나은 방편을 말해 봐라." 하리라.

소주(韶州) 후(後) 백운(白雲) 화상

백운 화상이 처음으로 개당하는 날 자리에 올라 대중에게 말하였다.

"잘 살피지 못하는구나. 위로부터의 종풍은 생각하는 것을 용납하지 않는다. 그러나 모든 부처님들의 처음 마음을 공경히 후대에 이어받게 하는 일은 모름지기 방편이 있어야 한다.

30년 뒤에도 이 일을 없어지게 하지 말라. 만일 높고 현명한 상사(上士)라면 그런 무리에 들지 않겠지만 후에 배우는 초심자라면 그들에게 들어갈 길을 보여 주리라. 대중들이여, 머리 위를 봐라. 만일 알지 못하겠거든 이러니 저러니 하는 법문을 들어라."

대사는 말없이 보이고 다시 말하였다.

韶州後白雲和尚。初開堂登座謂眾曰。不審從上宗風不容佇思。然念諸佛初心敬禮。後代相承事須有方便。三十年後不得埋沒。若是高賢上士不在其流。後學初心示汝箇入路。看取大眾頭上。若也不會聽葛藤去也。師良久又曰。

"위로 부처님들과 아래로 유정들에 이르기까지 참된 마음을 같이 하고 있는데 어떤 것이 여러분의 마음인가? 유정과 무정이 동일한 본체가 아니겠는가? 이렇게 안다 하여도 어찌 세 집뿐인 시골만이야 하겠는가?

이미 이렇지 못하다면 또 어찌하겠는가? 당장에 안다 하여도 벌써 스스로를 둔하게 하는 짓이다. 만일 조사 문하의 일을 들자면 어찌 그런 계급이 서리오. 눈썹을 위로 치켜뜬다 하여도 벌써 어긋났거늘 하물며 소리 이전에 알거나, 말 이후에 계합하는 일이라 하겠는가? 모임 가운데 아는 이가 있는가? 짐을 벗어던져 방황함을 그치고 서로 만날 것을 청하라."

이때에 어떤 승려가 절을 하니, 대사가 말하였다.

"빼어났구나, 용상(龍象)의 뒤를 쫓아 은혜를 입음이 끝없어서 삼승(三乘)과 오성(五性)을 모두 깨달았느니라."

승려가 다시 물으려 하니, 대사가 말하였다.

"가거라."

上至諸佛下至含識共箇眞心。且阿那箇是諸人心。莫是情與無情共一體麼。恁麼見解何似三家村裏。旣如是不得又作麼生會。直下會得早是自相鈍置。若據祖師門下。豈立這箇階梯。貶上眉毛早是蹉過。何況聲前薦得句後投機。會中還有知音者麼。去却擔簽請截流相見。時有僧禮拜。師曰。俊哉龍象蹴踏潤無邊。三乘五性皆惺悟。僧擬再伸問。師曰。去。

"옛 거문고에 소리가 끊어졌으니 스님께서 튕겨 주십시오."
대사가 말하였다.
"백아(伯牙)가 아무리 솜씨가 좋아도 그때 사람들은 알아듣는 이가 적었다."
"그러면 종자기(鐘子期)를 곧 다시 만난 것이라 하겠습니다."
대사가 말하였다.
"발하는 웃음소리에 놀라 줄이 끊어졌는데, 어찌 곡조가 같지 않은 줄 알리오."

"옛날 영산회상에서는 범왕이 주인이었는데, 오늘 백운(白雲)에서는 누가 주인이 됩니까?"
"항상 시자가 있느니라."
"그러면 법우(法雨)가 고루 뿌려져 중생들이 믿을 곳이 있겠습니다."
"그대는 그 속에서 치자(梔子)를 팔지 말라."

問古琴絶韻請師彈。師曰。伯牙雖妙手。時人聽者稀。曰恁麼即再遇子期也。師曰。笑發驚絃斷。寧知調不同。問昔日靈山一會梵王爲主。未審白雲什麼人爲主。師曰。有常侍在。曰恁麼即法雨滂霈群生有賴。師曰。汝莫這裏賣梔子。

 토끼뿔

"옛 거문고에 소리가 끊어졌으니 스님께서 튕겨 주십시오." 했을 때

대원은 "소감을 말해 봐라." 하리라.

앞의 낭주(朗州) 덕산(德山) 연밀(緣密) 대사의 법손

담주(潭州) 녹원(鹿苑) 문습(文襲) 선사

문습 선사에게 어떤 승려가 물었다.
"멀리서 스님께 귀의하였으니 이끌어 주십시오."
대사가 말하였다.
"다섯 문 속의 소식인데도 없다 하는구나."
승려가 잠자코 있으니, 대사가 말하였다.
"알겠는가?"
"잘 모르겠습니다."
"장락파(長樂坡)[35]의 우두머리이건만 소식이 통하지 않는구나."

前朗州德山緣密大師法嗣。潭州鹿苑文襲禪師。僧問。遠遠投師請師接。師曰。五門巷裏無消息。僧良久。師曰。會麼。曰不會。師曰。長樂坡頭信不通。

---

35) 장락파(長樂坡) : 제후 군신의 조회를 받았던 궁.

토끼뿔

"멀리서 스님께 귀의하였으니 이끌어 주십시오." 했을 때

대원은 "문이 이끌고, 좌구가 이끌었는데 새삼스런 일이야 할 것이 무엇인가?" 하리라.
"험."

예주(澧州) 약산(藥山) 가경(可瓊) 선사(제9세 주지)

가경 선사는 나중에 강릉(江陵) 연수원(延壽院)에 살았다.
어떤 승려가 물었다.
"스님께서 제 이야기에 대답해 주십시오."
대사가 말하였다.
"좋다."
"마땅히 얻을 수 있겠습니까?"
"다시 묻는구나."

어떤 승려가 물었다.
"큰 산은 일찍이 한 줌의 흙도 부족한 적이 없었는데, 스님께서 지금 애쓰시는 것은 누구를 위해서입니까?"
"연수 화상도 허물이 있다고 말해야 되겠다."
"그렇게 묻지 않았는데 어째서 저의 스승을 비판하십니까?"
대사가 할을 하니, 그 승려가 절을 하였다. 이에 대사가 때렸다.

澧州藥山可瓊禪師(第九世住)。後住江陵延壽。僧問。請師答話。師曰。好。曰還當得也無。師曰。更問。僧問曰。巨嶽不曾乏寸土。師今苦口為何人。師曰。延壽也要道過。曰不申此問焉辨我師。師喝。其僧禮拜。師便打。

 토끼뿔

"큰 산은 일찍이 한 줌의 흙도 부족한 적이 없었는데, 스님께서 지금 애쓰시는 것은 누구를 위해서입니까?" 했을 때

대원은 "바로 그대 같은 사람을 위해서이다." 하리라.

앞의 서천(西川) 청성(青城) 향림(香林) 징원(澄遠) 선사의 법손

관주(灌州) 나한(羅漢) 화상

나한 화상에게 어떤 승려가 물었다.
"어떤 것이 불법의 대의입니까?"
대사가 말하였다.
"우물 속에 이글거리는 불이요, 태양 속의 거품이니라."
"어떻게 알아야 합니까?"
"멀리 해가 돋는 동쪽 바다를 가리킨다."

前西川青城香林澄遠禪師法嗣。灌州羅漢和尚。僧問。如何是佛法大意。師曰。井中紅燄日裏浮漚。曰如何領會。師曰。遙指扶桑日那邊。

"어떤 것이 나한의 경지입니까?"
"땅은 향적수(香積水)에 이어 있고, 문은 성봉산(聖峯山)과 마주 섰다."

"나한이라면서 왜 사람들의 굴림을 받습니까?"
"눈알을 바꾸어 해골을 굴려라.

問如何是羅漢境。師曰。地連香積水門對聖峯山。問既是羅漢爲什麽却受人轉動。師曰。換却眼睛轉却髑髏。

📎 토끼뿔

"어떻게 알아야 합니까?" 했을 때

대원은 "하늘에 구름은 희고 바다는 푸르다." 하리라.

앞의 악주(鄂州) 황룡(黃龍) 회기(晦機) 선사의 법손

낙경(洛京) 장수(長水) 자개(紫蓋) 선소(善沼) 선사

선소 선사에게 어떤 승려가 물었다.
"죽음 가운데 삶을 얻었을 때에는 어떠합니까?"
대사가 말하였다.
"낫을 들어 뼈를 깎아 천지의 불에 말리려는 짓이고, 불타는 관(棺) 속에서 살기를 구하는 짓이니라."
"깨어났다가 이내 다시 죽을 때에는 어떠합니까?"
"다행히 병든 걸 깨닫게 되었구나."

前鄂州黃龍晦機禪師法嗣。洛京長水紫蓋善沼禪師。僧問。死中得活時如何。師曰。抱鎌刮骨熏天地。炮烈棺中求託生。問纔生便死時如何。師曰。賴得覺疾。

 토끼뿔

"죽음 가운데 삶을 얻었을 때에는 어떠합니까?" 했을 때

대원은 "넘어야 할 고갯길 사람이다." 하고

"깨어났다가 이내 다시 죽을 때에는 어떠합니까?" 했을 때

대원은 "넘어야 할 고갯길 사람이다." 하리라.

미주(眉州) 황룡(黃龍) 계달(繼達) 선사

계달 선사에게 어떤 승려가 물었다.
"어떤 것이 납의(衲衣)입니까?"
대사가 말하였다.
"바늘이 간 뒤에는 실이 돌아오지 않는다."
"어떤 것이 가사입니까?"
"가로로는 네 세계를 가리고, 세로로는 한 건곤을 덮는다."
"도가 원만한 시기가 오면 어떠합니까?"
"국을 달라면 국을 주고 밥을 달라면 밥을 준다."

"황룡(黃龍)이 세상에 나왔을 때에 금시조(金翅鳥)가 하늘에 가득히 날면 어떠합니까?"
"그대에게 묻노니, 금시조가 배부름을 얻겠는가?"

眉州黃龍繼達禪師。僧問。如何是衲。師曰。針去線不迴。曰如何是帔。師曰。橫鋪四世界。竪蓋一乾坤。曰道滿到來時如何。師曰。要羹與羹要飯與飯。問黃龍出世金翅鳥滿空飛時如何。師曰。問汝金翅鳥還得飽也無。

 토끼뿔

∽ "어떤 것이 납의(衲衣)입니까?" 했을 때

대원은 "개천에서 물 찾는 자구나." 하고

"어떤 것이 가사입니까?" 했을 때

대원은 "손에 것을 찾는 자구나." 하리라.

∽ "황룡(黃龍)이 세상에 나왔을 때에 금시조(金翅鳥)가 하늘에 가득히 날면 어떠합니까?" 했을 때

대원은 "부리 내릴 곳을 일러 봐라." 하리라.

조수(棗樹) 화상(제2세 주지)

조수 화상이 어떤 승려에게 물었다.
"어디서 떠났는가?"
"민중(閩中)에서 떠났습니다."
"준수하구나."
"스님께서 가리켜 보여 주셔서 고맙습니다."
"굴욕되게 구는구나."

어떤 승려가 김을 매다가 대사를 보고 인사를 하니, 대사가 물었다.
"누구를 보고 인사를 하는가?"
승려가 대답하였다.
"스님을 뵙고 절을 하지 않으면 예의가 없다 하지 않겠습니까?"

棗樹和尚(第二世住)。問僧。發足什麼處。曰閩中。師曰。俊哉。曰謝師指示。師曰。屈哉。僧鋤地次見師乃不審。師曰。見阿誰了便不審。曰見師不問訊禮式不全。

"그게 도리어 노승을 저버리는 짓이다."

그 승려가 큰방으로 돌아가서 제일좌에게 이야기하니, 제일좌가 말하였다.

"화상께서 요즘은 놀라우리만큼 간절하게 남을 위하신다."

대사가 이 말을 듣고 제일좌를 일곱 방망이를 때리니, 제일좌가 말하였다.

"제가 그렇게 말한 것이 아무 잘못이 없거늘 왜 때리십니까?"

"몇 해나 헛되이 초나 마셨구나."

그리고는 또 일곱 방망이를 때렸다.

師曰。却是孤負老僧。其僧歸堂舉似第一座。第一座曰。和尚近日可畏爲人切。師聞之乃打第一座七棒。第一座曰。某甲恁麼道未有過打怎麼。師曰。枉喫如許多年鹽醋。又打七棒。

🐇 토끼뿔

"누구를 보고 인사를 하는가?" 했을 때

대원은 "그것은 밭의 풀도 누설한 일입니다." 하리라.

홍원부(興元府) 현도산(玄都山) 징(澄) 화상

징(澄) 화상에게 어떤 승려가 물었다.
"방장이 되신 것을 기쁘게 생각합니다. 가풍의 일은 어떠하십니까?"
대사가 말하였다.
"훈훈한 바람이 새벽이슬을 털고, 밝은 달이 하늘 복판에 떴다."
"어떻게 구제하십니까?"
"금계루(金鷄樓)에서 북을 한 번 울린다."

"어떤 것이 사문의 행리입니까?"
"모두가 같지 않다."

興元府玄都山澄和尚。僧問。喜得趣方丈家風事若何。師曰。薰風開曉露。明月正當天。曰如何拯濟。師曰。金雞樓上一下鼓。問如何是沙門行。師曰。一切不如。

 토끼뿔

"어떤 것이 사문의 행리입니까?" 했을 때

대원은 "이대로다." 하리라.

가주(嘉州) 흑수(黑水) 화상

흑수 화상이 처음에 황룡에게 참문하고 물었다.
"눈〔雪〕이 갈대꽃을 덮을 때에는 어떠합니까?"
황룡이 대답하였다.
"맹렬하니라."
대사가 말하였다
"맹렬하지 못합니다."
황룡이 거듭 말하였다.
"맹렬하니라."
대사가 또 말하였다
"맹렬하지 못합니다."
이에 황룡이 때리니, 대사는 깨달음을 얻었다. 이로부터 인연이 맞아 흑수(黑水) 지방에서 교화하였다.

嘉州黑水和尚。初參黃龍。問曰。雪覆蘆華時如何。黃龍曰。猛烈。師曰。不猛烈。黃龍又曰。猛烈。師又曰。不猛烈。黃龍便打。師因而省覺。自爾契緣化行黑水。

 토끼뿔

"눈〔雪〕이 갈대꽃을 덮을 때에는 어떠합니까?"했을 때

대원은 "이때 황룡의 여의봉이다."라는 말과 동시에 때리리라.
"험."

악주(鄂州) 황룡(黃龍) 지옹(智顒) 선사(제3세 주지)

지옹 선사에게 어떤 승려가 물었다.
"어떤 것이 황룡의 가풍입니까?"
대사가 말하였다.
"객을 대접하기 위해 선과(仙果)[36]를 담는다."

어떤 승려가 물었다.
"어떤 것이 모든 부처님들의 근원입니까?"
대사가 말하였다.
"그 한 물음의 근원은 무엇인가?"
"그렇다면 모든 부처님들도 딴 길이 없겠습니다."
"연평(延平)의 칼은 벌써 용이 되었거늘 아직도 뱃전에다 표를 하고 칼을 찾는 사람이 있구나."[37]

　　鄂州黃龍智顒禪師(第三世住)。僧問。如何是黃龍家風。師曰。待賓酊僊果。僧問。如何是諸佛之本源。師曰。即此一問是何源。曰恁麼即諸佛無異路去也。師曰。延平劍已成龍去。猶有刻舟求劍人。

---

36) 선과(仙果) : 신선이 먹는 열매.
37) 연평은 나루의 이름으로 중국 진나라의 뇌환의 보검이 연평의 물속에 빠져 용이 되었다는 전설이 있다.

 토끼뿔

"그렇다면 부처님들도 딴 길이 없겠습니다." 했을 때

대원은 "그런 말은 어떻게 났느냐?" 하리라.

미주(眉州) 복창(福昌) 달(達) 화상

달(達) 화상에게 어떤 승려가 물었다.
"학인이 와서 물으면 스님께서 대답하시겠지만, 묻지 않을 때에는 스님의 뜻이 어떠하십니까?"
"사형이 가리켜 보여 주어서 고맙소."

"본래의 일은 묻지 않겠습니다. 어떤 것이 오늘의 일입니까?"
"사형의 그 물음이 가장 좋소."
"학인이 모를 때에는 어떠합니까?"
"속일 수만 있다면 되겠소."

"나라에 보검(寶劍)이 있는데 누가 보고 얻습니까?"
"사형께서 멀리 오신 일이 쉽지 않았겠구려."

眉州福昌[38]達和尚。僧問。學人來問師則對。不問時師意如何。師曰。謝師兄指示。問本來則不問。如何是今日事。師曰。師兄這問大好。曰學人不會時如何。師曰。諛得即得。問國有寶刀誰人得見。師曰。師兄遠來不易。

---

38) 福昌이 옥본에는 昌福으로 되어 있다.

"그 보검은 어떻게 생겼습니까?"
"요구해도 말하고 요구하지 않아도 말하오."
"말씀해 주십시오."
"만나기 어렵고 만나기 어렵군."

"돌 소가 물 위에 누웠을 때에는 어떠합니까?"
"뛰어난 가운데 뛰어나다 해도 허망한 계교니 빠지지 말라."
"그렇게 할 때에는 어떠합니까?"
"하늘에 날개를 쳐서 해를 떨어뜨리고, 흙을 쥐어서 금을 이룬다."

曰此刀作何形狀。師曰。要也道不要也道。曰請師道。師曰。難逢難遇。問石牛水上臥時如何。師曰。異中異妄計不浮沈。曰便恁麼去時如何。師曰。翅天日落把土成金。

 토끼뿔

∽ "학인이 와서 물으면 스님께서 대답하시겠지만, 묻지 않을 때에는 스님의 뜻이 어떠하십니까?" 했을 때

대원은 "문짝도 이른다." 하리라.

∽ "본래의 일은 묻지 않겠습니다. 어떤 것이 오늘의 일입니까?" 했을 때

대원은 "그대 같은 이가 오면 방망이 먹이는 일이다." 하리라.

앞의 무주(婺州) 명초(明招) 덕겸(德謙) 선사의 법손

처주(處州) 보은(報恩) 계종(契從) 선사

계종 선사가 처음 개당하는 날 법상에 올라 앉으려다가 말하였다.
"열사(烈士)의 칼 앞에도 날쌘 매와 새매가 있겠는가? 한 마리 날려 봐라. 그러므로 열사의 칼 앞에는 나서는 사람이 적다고 하였다. 우레 같은 북소리에 보배검을 휘두르고 있으니, 누가 크게 용맹스런 사자 종류인가? 온몸에 칼을 맞으려거든 나오기만 하라."

前婺州明招德謙禪師法嗣。處州報恩契從禪師。初開堂陞座欲坐乃曰。烈士鋒前還有俊鷹俊鷂兒麼。放一箇出來看。所以道。烈士鋒前少人陪。雲雷擊鼓劍輪開。誰是大雄獅子種。滿身鋒刃但出來。

이때에 어떤 승려가 나서니 대사가 말하였다.
"보건대 풍채가 좋구나."
승려가 물으려 하니, 대사가 말하였다.
"어디로 가는가?"

"사자가 굴에서 나오기 전에는 어떠합니까?"
"칼날끼리는 부딪치기 어렵다."
"굴에서 나온 뒤에는 어떠합니까?"
"몸을 감출 길이 없다."
"나오려다가 나오지 못했을 때는 어떠합니까?"
"목숨이 실 끝에 달린 것 같다."
"향하여 나가는 일이 어떠합니까?"
"들이닥친다."

대사가 나중에 남명(南明)에 살았는데 어떤 승려가 물었다.

時有僧始出。師曰。看好精彩。僧擬申問。師曰。什麼處去也。問獅子未出窟時如何。師曰。鋒鋩難擊。曰出窟後如何。師曰。藏身無路。曰欲出不出時如何。師曰。命似懸絲。曰向去事如何。師曰。拶。師後住南明。有僧問。

"어떤 것이 화상의 가풍입니까?"
대사가 말하였다.
"어찌하겠는가?"

"하루 종일 어찌해야 옳겠습니까?"
"금강(金剛)의 정수리 위를 보라."
"그러면 인간과 하늘 무리가 믿을 곳이 있겠습니다."
"그대는 또 인간과 하늘을 속여서 무엇 하려는가?"

如何是和尚家風。師曰。還奈何麼。問十二時中如何即是。師曰。金剛頂上看。曰恁麼即人天有賴。師曰。汝又誑誘人天作麼。

 토끼뿔

∽ "열사(烈士)의 칼 앞에도 날쌘 매와 새매가 있겠는가? 한 마리 날려 봐라." 했을 때

대원은 "이미 부리에 찍힌 상처가 심하니 조심하시오." 하리라.

∽ "굴에서 나온 뒤에는 어떠합니까?" 했을 때

대원은 "모든 짐승을 항복시킨다." 하리라.
"험."

∽ "하루 종일 어찌해야 옳겠습니까?" 했을 때

대원은 "다른 일이 없다." 하리라.

무주(婺州) 보조(普照) 유(瑜) 화상

유(瑜) 화상이 법상에 올라 자리에 앉기 전에 대중에게 말하였다.
"30년 뒤에는 여러 사람이 이 속에서 칼끝을 잃고 혀가 굳으리니 분명히 알겠는가? 만일 참 사자의 새끼가 아니라면 어찌 위에서 제시한 기틀을 알겠는가?"
어떤 승려가 물었다.
"사자가 굴에서 나오기 전에는 어떠합니까?"
대사가 말하였다.
"뭇 짐승들이 공연히 돌아다닌다."
"굴에서 나온 뒤에는 어떠합니까?"
"만 리에 여우의 흔적이 끊긴다."
"나오려다가 나오지 않을 때에는 어떠합니까?"
"마주치면 죽는다."

婺州普照瑜和尚。上堂未坐謂眾曰。三十年後大有人。向這裏亡鋒結舌去在。還會麼灼然。若不是真獅子兒。爭識得上來機。僧問。獅子未出窟時如何。師曰。眾獸徒然。曰出窟後如何。師曰。狐絕萬里。曰欲出不出時如何。曰當衝者喪。

"향하여 나가는 일이 어떠합니까?"
"칼날로 임하여 결판한다."

그리고는 대사가 게송을 지었다.

칼날로 임하여 결판함은
천연한 사자의 기틀이니
울부짖으며 삼계를 벗어나는 일
조사가 아니면 알지 못하네

問向去事如何。師曰。決在臨鋒。師乃頌曰。
決在臨鋒處
天然獅子機
嚬呻出三界
非祖莫能知

 토끼뿔

"나오려다 나오지 않을 때에는 어떠합니까?" 했을 때

대원은 "시계 초침이 나 먼저 이른다." 하리라.

무주(婺州) 쌍계(雙谿) 보초(保初) 선사

보초 선사가 대중에게 보이고 말하였다.

"투철하지 못하면 드러내지 못한다. 시방세계가 벽 없어 이러-히 밝으니 우뚝한 봉우리 위에서 기틀을 비추어 통달하면 북두성(北斗星)을 볼 필요가 없다."

어떤 승려가 물었다.

"여름 석 달 동안 스님께서는 영봉(靈峯)의 칼끝의 예리함을 드러내시지 않았으니 청합니다."

대사가 말하였다.

"왜 금고리를 치기 전에 묻지 않았는가?"

"천 가지라 해도 헛되이 베푸는 것이어서 해골 앞에 내놓기는 어려운 것입니다."

"등 뒤에서 사람을 방해하는구나."

婺州雙谿保初禪師。示眾曰。未透徹不須呈。十方世界廓然明。孤峯頂上通機照。不用看他北斗星。僧問。九夏靈峯劍請師不露鋒。師曰。未拍金鎖前何不問。僧曰。千般徒設用。難出髑髏前。師曰。背後礙殺人。

 토끼뿔

"여름 석 달 동안 스님께서는 영봉(靈峯)의 칼끝의 예리함을 드러내시지 않았으니 청합니다." 했을 때

대원은 "이 순간에도 번쩍인 것을 보지 못한단 말인가? 이 봉사야." 하리라.

처주(處州) 용전(涌泉) 구(究) 화상

구(究) 화상이 법상에 올라 말없이 보이고 말하였다.
"범과 이리와 같은 선객이 있는가? 있거든 한번 나와 봐라."
그때에 어떤 승려가 막 나서자, 대사가 물었다.
"목숨을 잃은 곳을 알았는가?"
"학인이 화상께 묻겠습니다."
"어디를 갔었는가?"

"사자가 굴에서 나오기 전에는 어떠합니까?"
"땅이 흔들린다."
"사자가 굴에서 나온 뒤에는 어떠합니까?"
"하늘 땅을 뒤덮는다."
"나오려다가 나오지 않을 때에는 어떠합니까?"

處州涌泉究和尚。師上堂良久曰。還有虎狼禪客麼。有則放出一箇來。時有僧纔出。師曰。還知喪命處麼。曰學人咨和尚。師曰。什麼處去也。問獅子未出窟時如何。師曰。抖擻地。曰獅子出窟後如何。師曰。蓋天蓋地。曰欲出不出時如何。

"아무도 알 수 없다."
"향하여 나가는 일이 어떠합니까?"
"날쌘 새매도 길을 잃는다."

師曰。一切人辨不得。問向去事如何。師曰。俊鷂亦迷蹤。

 토끼뿔

∽ "사자가 굴에서 나오기 전에는 어떠합니까?" 했을 때

대원은 "찻잔의 누설을 들었는가?" 하고

"사자가 굴에서 나온 뒤에는 어떠합니까?" 했을 때

대원은 "찻잔의 누설을 말해 봐라." 하리라.

∽ "향하여 나가는 일이 어떠합니까?" 했을 때

대원은 "내딛을 한 치의 길이라도 있으면 잘못 든 길이니라." 하리라.

구주(衢州) 나한(羅漢) 의(義) 화상

의(義) 화상이 법상에 올라 대중이 모이니, 어떤 승려가 나와서 절을 하였다. 이에 대사가 말하였다.
"좋은 것이 못되는구나."
승려가 말하였다.
"용천(龍泉)의 보검을 스님께서 휘둘러 보십시오."
대사가 말하였다.
"어디를 갔었던가?"
"그러면 용계(龍谿)의 남쪽은 온통 칼날이겠습니다."
"거두어들여라."

"고금에 빠지지 않는 일을 스님께서 말씀해 주십시오."
"괴이하게 여기는가?"
"그래도 고금에 빠진 것입니다."
"그르치지 말라."

衢州羅漢義和尚。上堂眾集有僧纔出禮拜。師曰。不是好底。僧曰。龍泉寶劍請師揮。師曰。什麼處去也。曰恁麼卽龍谿南面盡鋒鋩。師曰。收取。問不落古今請師道。師曰。還怪得麼。曰猶落古今。師曰。莫錯。

토끼뿔

"고금에 빠지지 않는 일을 스님께서 말씀해 주십시오." 했을 때 대원은 "빠질 곳을 대봐라." 하리라.

앞의 낭주(朗州) 대룡산(大龍山) 지홍(智洪) 선사의 법손

대룡산(大龍山) 경여(景如) 선사(제2세 주지)

경여 선사에게 어떤 승려가 물었다.
"어떤 것이 불법의 대의입니까?"
대사가 할을 하니, 승려가 말하였다.
"스님의 뜻이 어떠하십니까?"
"알겠는가?"
"모르겠습니다."
대사가 또 할을 하였다.

前朗州大龍山智洪禪師法嗣。大龍山景如禪師(第二世住)。僧問。如何是佛法大意。師喝。僧曰。尊意如何。師曰。會麼。曰不會。師又喝。

"태양이 한 번 뜨면 사람들이 모두 부러워하고 북소리가 비로소 멈춘다는 뜻이 무엇입니까?"
"늦가을에 서리가 내리면 좋은 맑은 날씨이다."

問太陽一顯人皆羨鼓聲纔罷意如何。師曰。季秋凝後好晴天。

 토끼뿔

"태양이 한 번 뜨면 사람들이 모두 부러워하고 북소리가 비로소 멈춘다는 뜻이 무엇입니까?" 했을 때

대원은 "전혀 부러워할 것도 멈출 것도 없다." 하리라.

낭주(朗州) 대룡산(大龍山) 초훈(楚勳) 선사(제4세 주지)

초훈 선사가 법상에 올라 말없이 보이고 말하였다.

"대중은 그저 그대로 각자 헤어져라. 벌써 여러 차례 이 이치를 설해 마쳤는데 오래 서 있어서 무엇 하리오. 그러나 오래 서 있는 데는 오래 서 있는 도리가 있으니, 알면 하나의 소겁(小劫)을 지내기가 밥 먹는 사이 같겠지만, 모르면 그저 어리둥절할 것이다. 알겠는가? 아는 이가 있거든 나오라. 여럿이서 같이 헤아려 보자."

이때에 어떤 승려가 나와서 방석을 펴면서 말하였다.

"펴면 항하사와 같이 많은 세계를 두루 덮고, 걷으면 털끝만큼도 남지 않으니, 펴는 것이 옳습니까, 걷는 것이 옳습니까?"

대사가 말하였다.

"그대는 어디서 그런 것을 얻어왔는가?"

朗州大龍山楚勳禪師(第四世住)。上堂良久曰。大眾只恁麼各自散去。已是重宣此義了也。久立又奚為然。久立有久立底道理。知了經一小劫如一食頃。不知道理便見茫然。還知麼。有知者出來。大家相共商量。時有僧出展坐具曰。展即遍周沙界。縮即絲髮不存。展即是不展即是。師曰。你從什麼處得來。

"그러면 폈다 하겠습니다."
"교섭함이 없구나."

"어떤 것이 대룡의 경지입니까?"
"제방에 가거든 사람에게 같게만 이야기하라."
"어떤 것이 경지 속의 사람입니까?"
"그대는 왜 나를 속이는가?"

"승려가 열반하면 어디로 갑니까?"
"아미타불!"

"좋은 법당 안에서 사자후를 하시는데, 법은 누구에게서 이으셨으며, 누구에게 이어주시겠습니까?"
"자신에게 이렇게 물어 봐라."

曰恁麼即展去也。師曰。勿交涉。問如何是大龍境。師曰。諸方舉似人。曰如何是境中人。師曰。你為什麼謾我。問亡僧遷化向什麼處去也。師曰。阿彌陀佛。僧問。善法堂中獅子吼。未審法嗣嗣何人。師曰。猶自恁麼問。

토끼뿔

"그대는 어디서 그런 것을 얻어왔는가?" 했을 때

대원은 "그것이라면 어찌 얻는다 하겠습니까?" 하리라.

홍원부(興元府) 보통원(普通院) 종선(從善) 선사

종선 선사에게 어떤 승려가 물었다.
"법륜을 거듭 굴릴 때에는 어떠합니까?"
대사가 말하였다.
"그대가 기쁨을 돕는다."
"응당 무슨 일을 말해야 합니까?"
"뛰어난 사람은 귀를 막는다."
"그런 줄 알 때에는 어떠합니까?"
"틀렸다."

"칼을 차고 와서 솔문을 두드릴 때에는 어떠합니까?"
"어지럽게 굴지 말라."
"누가 있는지를 알지 못하시는군요."
"나가라."

興元府普通院從善禪師。僧問。法輪再轉時如何。師曰。助上座喜。曰合譚何事。師曰。異人掩耳。曰便恁麼領會時如何。師曰。錯。問佩劍叩松關時如何。師曰。莫亂作。曰誰不知有。師曰。出。

 토끼뿔

"칼을 차고 와서 솔문을 두드릴 때에는 어떠합니까?" 했을 때

대원은 "칼을 찼거늘 어느 곳을 향해 왔다는 것이냐?" 하리라.

앞의 양주(襄州) 백마(白馬) 행애(行靄) 선사의 법손

양주(襄州) 백마(白馬) 지륜(智倫) 선사

지륜 선사에게 어떤 승려가 물었다.
"어떤 것이 부처입니까?"
대사가 말하였다.
"순금이 빛을 잃었구나."

"어떤 것이 화상이 몸을 초월한 곳입니까?"
"소가 담 벽을 받는다."
"학인이 뜻을 잘 모를 때에는 어떠합니까?"
"이미 팔자를 이뤘느니라."

前襄州白馬行靄禪師法嗣。襄州白馬智倫禪師。僧問。如何是佛。師曰。真金也須失色。問如何是和尚出身處。師曰。牛觝牆。曰學人不會意旨如何。師曰。已成八字。

 토끼뿔

"어떤 것이 화상이 몸을 초월한 곳입니까?" 했을 때

대원은 "어떠냐?"라는 말과 동시에 한 대 때리리라.

앞의 안주(安州) 백조산(白兆山) 제2세 회초(懷楚) 선사의 법손

당주(唐州) 보수(保壽) 광우(匡祐) 선사

광우 선사에게 어떤 승려가 물었다.
"어떤 것이 불법의 대의입니까?"
대사가 말하였다.
"가까이 오라, 가까이 오라."
승려가 가까이 오니, 대사가 말하였다.
"알겠는가?"

前安州白兆山第二世懷楚禪師法嗣。唐州保壽匡祐禪師。僧問。如何是佛法大意。師曰。近前來近前來。僧近前。師曰。會麽。

"모르겠습니다."
"전광석화(電光石火)처럼 이미 티끌같이 많은 겁을 지났다."

승려가 물었다.
"어떤 것이 사람을 위하는 한 구절입니까?"
대사가 말하였다.
"입을 열면 귀로 들어간다."
"어떻게 이해해야 하겠습니까?"
"사람을 만나면 알려라."

曰不會。師曰。石火電光已經塵劫。僧問。如何是爲人底一句。師曰。開口入耳。僧曰。如何理會。師曰。逢人告人。

 토끼뿔

"어떤 것이 사람을 위하는 한 구절입니까?" 했을 때

대원은 "바로 이렇게 하니라." 하리라.
"험."

앞의 양주(襄州) 곡은(谷隱) 지정(智靜) 선사의 법손

곡은(谷隱) 지엄(知儼) 선사

지엄 선사는 등주(登州) 사람이다. 고향의 작산(鵲山)에서 업을 닦다가 곡은 지정 선사에게서 법을 얻고, 그의 뒤를 이어 주지가 되니 학인이 많이 모였다.

어떤 승려가 물었다.
"스님은 누구의 곡조를 부르시고, 종풍은 누구의 것을 이으셨습니까?"

前襄州谷隱智靜禪師法嗣。谷隱知儼禪師。登州人也。受業於本州鵲山。得法於前谷隱智靜禪師。繼踵住持玄侶臻萃。僧問。師唱誰家曲宗風嗣阿誰。

대사가 말하였다.
"남쪽에는 백운이고 북쪽에는 삿갓이다."

"무엇이 가섭이 친히 들은 일입니까?"
"반드시 빨리 없애버려야 한다."

"어떤 것이 모든 부처님들께서 다 비추지 못한 곳입니까?"
"산에 있는 귀신 굴속을 물어서 무엇 하겠는가?"
"비춘 뒤에는 어떠합니까?"
"에잇, 요귀로구나."

"천 겹의 산과 만 갈래의 물을 어떻게 오르고 건넙니까?"
"걸음을 옮기면 벌써 천 리, 만 리니라."
"걸음을 옮기기 전에는 어떠합니까?"
"역시 천 리, 만 리구나."

師曰。白雲南傘蓋北。問如何是迦葉親聞底事。師曰。速須作却。問如何是諸佛照不著處。師曰。問這山鬼窟作麼。曰照著後如何。師曰。咄精怪。問千山萬水如何登涉。師曰。舉步便千里萬里。曰不舉步時如何。師曰。亦千里萬里。

 토끼뿔

"어떤 것이 모든 부처님들께서 다 비추지 못한 곳입니까?" 했을 때

대원은 "그런 곳이 있거든 일러 주라." 하고

"비춘 뒤에는 어떠합니까?" 했을 때

대원은 "헛되이 눈과 귀를 붙이고 다니는 자구나." 하리라.

양주(襄州) 보녕원(普寧院) 법현(法顯) 선사

법현 선사에게 어떤 승려가 물었다.
"지나간 겁에 같이 살았는데 어째서 친하고 친하지 않은 것을 모릅니까?"
대사가 말하였다.
"누구인가?"
"다시 제가 이르기를 기다리십니까?"
"차라리 적당한 말이 없다고 하라."

"만 갈래의 물과 천 겹의 산을 어떻게 오르고 건넙니까?"
"푸른 하늘에 샛길이 없듯, 이른 자는 기틀에 미혹한 적 없다."

襄州普寧院法顯禪師。僧問。曩劫共住為什麼不識親疎。師曰。誰。曰更待某甲道。師曰。將謂不領話。問萬水千山如何登涉。師曰。青霄無間路到者不迷機。

🐦 토끼뿔

"만 갈래의 물과 천 겹의 산을 어떻게 오르고 건넙니까?" 했을 때

대원은 "구르는 낙엽이 이르는구나." 하리라.

앞의 여산(廬山) 귀종(歸宗) 제4세 홍장(弘章) 선사의 법손

동경(東京) 보정원(普淨院) 상각(常覺) 선사

상각 선사는 진유(陳留) 사람으로 성은 이(李)씨이다. 어릴 때에 유학을 익혔으나 벼슬할 생각이 전혀 없고, 산수(山水)를 찾아다니기를 좋아하여 구경 다니기로 소일을 삼았다. 그러다가 여산 귀종 선사의 회상에 왔다가 법문을 듣고 깨달은 바가 있어 출가할 뜻을 밝혔다. 오래지 않아 귀종이 입적하려 할 때 대사를 불러 어루만지면서 말하였다.

前廬山歸宗第四世住弘章禪師法嗣。東京普淨院常覺禪師者。陳留人也。姓李氏。幼習儒學絶無干祿之意。志樂山水頗以遊覽為務。至廬山歸宗禪師會下聞法省悟遂求出家。未幾歸宗將順寂。命師撫之曰。

"그대는 불법과 깊은 인연이 있으니 다른 날 대중을 제도할 때에는 아무도 그대의 역량을 헤아리지 못하리라."

그리고는 대사의 머리를 깎는 일 등을 문인들에게 분부한 뒤에 세상을 떠났다.

당의 건화(乾化) 2년이 되어 머리를 깎고, 이듬해 동림사(東林寺) 감로단(甘露壇)에서 계를 받았다. 얼마 지나지 않아 오대산을 돌아본 뒤에 다시 상도(上都)로 돌아가 여경문(麗景門) 밖에서 2년 동안 혼자 살았다.

이때, 북쪽 이웃에 장생(張生)이라는 신사(信士)가 있었는데 대사를 청해다가 공양하였다. 장씨는 본래 현묘한 진리를 찾다가 대사를 방문하던 끝에 가르침을 청하니, 대사가 알맞게 가르쳐 주었다. 장생은 말끝에 깨달음을 얻고, 탑(榻)[39]을 마련하여 쉬게 하였다.

汝於法有緣。他後濟眾人莫測其量也。仍以披剃事囑諸門人訖。然後示滅。師至唐[40]乾化二年落髮。明年納戒於東林寺甘露壇。尋遊五臺山。還上都於麗景門外[41]獨居。二載間有北隣信士張生者。請師供養。張素探玄理。因叩師垂誨。師乃隨宜開誘。張生於言下發悟。遂設榻留宿。

---

39) 탑(榻) : 길고 좁게 만든 평상.
40) 당(唐)이 후량(後梁)으로 바뀜
41) 外가 원나라본에는 內로 되어 있다.

그리고는 밤이 깊었을 때에 아내와 함께 엿보니, 대사의 몸이 온 탑(榻)에 두루하여 발과 머리는 겉으로 나와 있었다. 그리하여 종들에게 지켜 보도록 하였으나 여전하므로 장생은 더욱 흠모하는 생각이 나서 말하였다.

"제자들 부부가 늘그막에 저의 집 앞을 내놓아 스님의 장실(丈室)로 삼고자 합니다."

대사는 기꺼이 받았는데 후당(後唐)의 천성(天成) 3년에 이르러서는 매우 큰 절이 되었고, 위에서 보정(普淨)이라는 편액을 하사하였다.

대사는 생각하기를 '시절이 근기가 얕고 어두워 극칙의 요지를 감당하기 어려우니, 만약 그릇이 아닌 이에게 설해 주었다가 도리어 그들로 하여금 법을 비방하는 허물을 짓게 할 수 있으니 나는 차라리 법을 열지 않으리라.'고 하였다. 매월 3일과 8일에 목욕을 하도록 하고 승려들에게 만 가지로 생각해서 이르도록 하였다.

至深夜與妻竊窺之。見師體遍一榻。頭足俱出。及令婢僕視之即如常。張生倍加欽慕曰。弟子夫婦垂老。今願割宅之前堂以裨丈室。師欣然受之。至後唐天成三年遂成大院。賜額曰普淨。師以時機淺昧難任極旨。苟啟之非器。令彼招謗讟之咎。我寧不務開法。每月三八施浴僧道萬計。

대사는 항상 대중에게 말하였다.

"지혜의 문에 막힘이 없기만 하면 무엇이 복을 막을 수 있으랴."

어느 날 급사중(給事中)인 도곡(陶穀)이 와서 절을 하고 물었다.

"경에 이르기를 '모든 상이라고 하는 것을 여읜 것을 이름하여 모든 부처라고 한다.'라고 하였으나, 지금 눈앞에 온갖 형상이 분분하니 어찌하여야 여의겠습니까?"

대사가 말하였다.

"급사는 무엇을 보았는가?"

도씨가 흔연히 기뻐하면서 소중히 여겼다. 이로부터 왕공(王公)과 대인(大人)들이 자주 천거해서 대사에게 법호와 장복(章服)을 하사하도록 했으나 대사는 모두 거절하고 받지 않았다.

개보(開寶) 4년 12월 2일에 병이 나서 11일에 뒷일을 부탁한 뒤, 오른쪽으로 누워서 떠나니, 수명은 76세이고, 법랍은 56세였다. 지금도 법제자들이 뒤를 이어 세상에 살면서 승문이 더욱 번성하고 있다.

師常謂諸徒曰。但得慧門無壅則福何滯哉。一日給事中陶穀入院致禮而問曰。經云。離一切相則名諸佛。今目前諸相紛然如何離得。師曰。給事見箇什麼。陶欣然仰重。自是王公大人屢薦章服師號。皆却而不受。以開寶四年十二月二日示疾。十一日告眾囑付訖右脇而化。壽七十有六。臘五十有六。今法嗣繼世住持彌盛。

 토끼뿔

"경에 이르기를 '모든 상이라고 하는 것을 여읜 것을 이름하여 모든 부처라고 한다.'라고 하였으나, 지금 눈앞에 온갖 형상이 분분하니 어찌하여야 여의겠습니까?" 했을 때

대원은 "한낮 목단꽃이 곱다." 하리라.

앞의 양주(襄州) 석문산(石門山) 제3세 혜철(慧徹) 선사의 법손

석문산(石門山) 소원(紹遠) 선사 (제4세 주지)

소원 선사에게 어떤 승려가 물었다.
"스님은 누구의 곡조를 부르시고, 종풍은 누구의 것을 이으셨습니까?"
대사가 말하였다.
"시방에 딴 종류가 없으니 봉림(鳳林)땅 앞에 나타난 깨달음이다."

前襄州石門山第三世慧徹禪師法嗣。石門山紹遠禪師(第四世住)。僧問。師唱誰家曲宗風嗣阿誰。師曰。十方無異類揭覺鳳林前

"선사(先師)께서 안탑(雁塔)⁴²⁾으로 돌아가셨으니, 현자께서 주창하신 한 마디를 스님께서 보여 주십시오."
"아수라의 손바닥은 일월을 떠받쳤고, 야차의 발바닥은 이룡(泥龍)을 짓밟았다."

"금룡(金龍)은 인간 세상의 안개를 토하지 않으니, 스님께서는 봉황의 기틀을 제창해 주십시오."
"백미(白眉)⁴³⁾는 손을 벌리지 않고, 장안(長安)의 길은 평탄하다."

"어떤 것이 서쪽에서 오신 뜻입니까?"
"푸대에 오구(烏龜)를 가득 담았다."

問先師歸於雁塔。當仁一句請師垂示。師曰。脩羅掌內擎日月。夜叉足下踏泥龍。問金龍不吐凡間霧。請師舉唱鳳凰機。師曰。白眉不展手長安路坦平。問如何是西來意。師曰。布袋盛烏龜。

---

42) 안탑(雁塔) : 당대(唐代) 현장 법사를 위해 세운 탑으로, 현장이 서역에서 돌아와 주석했던 탑.
43) 백미(白眉) : 여러 사람 가운데 가장 뛰어난 사람.

"어떤 것이 석문의 경지입니까?"
"외로운 봉우리가 봉령(鳳嶺)과 마주 섰다."
"어떤 것이 경지 안의 사람입니까?"
"바위틈에 녹다 남은 눈이 여기저기서 번득인다."

"어떤 것이 화상의 가풍입니까?"
"똑똑 떨어지는 물방울은 뜻이 없고, 천 산은 몸을 드러내려는 것이 없다."

"어떤 것이 옛 부처의 마음입니까?"
"백우(白牛)가 드러난 땅의 맑은 시냇가에 누워 있다."

"생사의 개울을 어떻게 건너겠습니까?"
"바람이 연잎사귀와 부평초(浮萍草)에 분다."

問如何是石門境。師曰。孤峯對鳳嶺。曰如何是境中人。師曰。巖中殘雪處處分輝。問如何是和尚家風。師曰。滴瀝非旨趣千山不露身。問如何是古佛心。師曰。白牛露地臥清谿。問生死之河如何過得。師曰。風吹荷葉浮萍草。

"어떤 것이 삼승의 교법 이외에 따로 전하신 한 구절입니까?"
"염소 수레[44]가 장안에 들어왔다."

"생사의 거센 물결 앞에서 어떻게 도(道)를 이야기합니까?"
"털푸대 횡신(橫身)은 먹고 마시는 일 끊어졌고, 푸른 계곡은 화사한 봄 속에 언제나 누워 있다."

"어떤 것이 도입니까?"
"산이 깊으니 물이 차다."
"어떤 것이 도 안의 사람입니까?"
"금망치로 금북을 친다."

"날이 흐려 해가 숨을 때에 광명은 어디로 갑니까?"
"무쇠뱀이 큰길에 누웠으니 온몸이 연기같이 검다."

問如何是三乘教外別傳一句。師曰。羊頭車子入長安。問生死浪前如何話道。師曰。毛袋橫身絕飮啄。青谿常臥太陽春。問如何是道。師曰。山深水冷。曰如何是道中人。師曰。金槌擊金鼓。問天陰日不出光輝何處去。師曰。鐵蛇橫大路通身黑似煙。

---

44) 염소 수레(羊頭車子) : 삼거(三車)의 하나. 삼승(三乘)의 하나인 성문승을 비유적으로 이르는 말.

 토끼뿔

∽ "선사(先師)께서 안탑(雁塔)으로 돌아가셨으니, 현자께서 주창하신 한 마디를 스님께서 보여 주십시오." 했을 때

대원은 "가을볕이 장독에서 존다." 하리라.

∽ "금룡(金龍)은 인간 세상의 안개를 토하지 않으니, 스님께서는 봉황의 기틀을 제창해 주십시오." 했을 때

대원은 "솔개가 연처럼 떠 있다." 하리라.

악주(鄂州) 영죽(靈竹) 수진(守珍) 선사

수진 선사에게 어떤 승려가 물었다.
"어떤 것이 서쪽에서 오신 뜻입니까?"
대사가 말하였다.
"석장에 서역의 흙이 묻었고 병에는 중국의 물이 담겼다."

"미혹함과 깨달음의 모든 경계에 들어가지 않을 때에는 어떠합니까?"
"경계가 어디서부터 왔는가?"
"그렇다면 모든 경계를 떠나 들었다 하겠습니다."
"용두사미가 된 놈아."

鄂州靈竹守珍禪師。僧問。如何是西來意。師曰。錫帶胡中土瓶添漢地泉。問迷悟不入諸境時如何。師曰。境從何來。曰恁麼即入諸境去也。師曰。龍頭蛇尾漢。

토끼뿔

"미혹함과 깨달음의 모든 경계에 들어가지 않을 때에는 어떠합니까?" 했을 때

대원은 "험." 하리라.

앞의 홍주(洪州) 동안(同安) 지(志) 화상의 법손

낭주(朗州) 양산(梁山) 연관(緣觀) 선사

연관 선사에게 어떤 승려가 물었다.
"어떤 것이 화상의 가풍입니까?"
대사가 말하였다.
"자양강(資楊江)의 물이 거세니 고기가 다니기 힘들고, 백록(白鹿)의 솔이 높으니 새가 머무르기 어렵다."

前洪州同安志和尚法嗣。朗州梁山緣觀禪師。僧問。如何是和尚家風。師曰。資楊水急魚行澁。白鹿松高鳥泊難。

"대중이 모였으니 백록의 한 구절을 스님께서 말씀해 주십시오."
"요새 어느 나라에 살았었는가?"
또 말하였다.
"양산에는 진(秦)나라 때의 거울을 높이 달았으니, 광수(光壽)의 문풍에 등불이 필요하지 않다."

"스님은 누구의 곡조를 부르시고, 종풍은 누구의 것을 이으셨습니까?"
"용은 용의 새끼를 낳고 봉은 봉의 새끼를 낳는다."

"어떤 것이 서쪽에서 오신 뜻입니까?"
"총령(葱嶺)에서는 당나라 땅에 소식을 전한 바 없거늘, 호인(胡人)들은 공연히 태평가를 말했다 한다."

問大眾雲集白鹿一句請師闡揚。師曰。近日居何國土。又曰。梁山高掛秦時鏡。光壽門風不假燈。問師唱誰家曲宗風嗣阿誰。師曰。龍生龍子鳳生鳳兒。問如何是西來意。師曰。葱嶺不傳唐土信。胡人謾說太平歌。

"어떤 것이 위로부터 전하던 일입니까?"
"물을 건너온 인도의 승려는 무릎 덮는 바지가 없고, 낙타의 등에다 경협(經夾)[45]을 실었으나 경을 가진 바 없다."

"어떤 것이 정법안장(正法眼藏)입니까?"
"남화사(南華寺)[46]니라."
"어째서 남화사에 있습니까?"
"그대가 정법안장을 물었기 때문이다.

"어떤 것이 납의(衲衣) 속의 일입니까?"
"밀(密)."

단(端) 장로라는 이가 대사를 찾아와서 잠시 앉아 이야기를 나누는데 어떤 승려가 물었다.

問如何是從上傳來底事。師曰。渡水胡僧無膝袴。背駝梵夾不持經。問如何是正法眼。師曰。南華裏。曰為什麼在南華裏。師曰。為汝問正法眼。問如何是衲衣下事。師曰。密。有端長老訪師晤坐譚話時。有僧問。

---

45) 경협(經夾) : 경을 넣는 궤.
46) 남화사(南華寺) : 육조 혜능이 선종(禪宗)을 개창한 중국 사찰.

"두 큰스님은 같이 교화하시는 것도 아닌데 어째서 같이 방장실에 앉아 계십니까?"
대사가 말하였다.
"하나라고 해도 또한 틀렸다."

대사는 또 이런 게송을 남겼다.

양산의 한가락 노래는
격외의 도리라 아는 이 없네
10년을 두고 지음자를 찾았으나
하나도 아직 만나지 못했네

또 게송을 지었다.

二尊不並化。爲什麼兩人居方丈。師曰。一亦非。師有頌曰。
梁山一曲歌
格外人難和
十載訪知音
未嘗逢一箇
又頌曰。

이글거리는 불 속에 내 몸을 묻었으니
탑을 새로 만들 필요가 있으랴
누군가 서로 긍정한 이 있다면
재 속의 모습이 참 모습일세

紅燄藏吾身
何須塔廟新
有人相肯重
灰裏貌全真

토끼뿔

"어떤 것이 정법안장(正法眼藏)입니까?" 했을 때

대원은 주먹을 세우며 "이것이다." 하리라.

앞의 양주(襄州) 광덕(廣德) 제2세 연(延) 화상의 법손

양주(襄州) 광덕(廣德) 주(周) 선사

주(周) 선사에게 어떤 승려가 물었다.
"말을 보아서 배울 것이 없을 때에는 어떠합니까?"
대사가 말하였다.
"온 세계에 귀머거리가 없는데 누가 지음자이겠는가?"
"어떤 것이 지음자입니까?"
"끊어진 거문고 줄이 계속되면 여러 겁을 지나도 메아리가 냉랭히 울리지 않는다."

前襄州廣德第二世延和尚法嗣。襄州廣德周禪師。僧問。見話不學時如何。師曰。遍界沒聾人誰是知音者。曰如何是知音者。師曰。斷絃續不得歷劫響冷冷。

어떤 승려가 물었다.

"경전에 아일다(阿逸多)⁴⁷⁾는 번뇌도 끊지 않고 선정도 닦지 않았는데, 부처님께서 그에게 수기하시기를 이 사람은 부처가 될 것이 틀림없다고 하셨으니 이 이치가 어떠합니까?"

대사가 말하였다.

"소금도 떨어지고 숯도 다 되었다."

"숯도 소금도 모두 떨어졌을 때에는 어떠합니까?"

"근심스런 사람은 근심스런 사람에게 근심을 말하지 말라. 근심스런 사람에게 이야기한들 그에게 근심만 더해줄 뿐이다."

僧問。承教有言。阿逸多不斷煩惱不修禪定。佛記此人成佛無疑。此理如何。師曰。鹽又盡炭又無。曰鹽盡炭無時如何。師曰。愁人莫向愁人道。向道愁人愁殺人。

---

47) 아일다(阿逸多) : 불제자의 한 사람. 옛날에는 미륵보살의 다른 이름으로 쓰였다.

 토끼뿔

"말을 보아서 배울 것이 없을 때에는 어떠합니까?" 했을 때

대원은 "그런 말을 안 한다." 하고

"어떤 것이 지음자입니까?" 했을 때

대원은 "벙어리 귀 먹고 봉사니라." 하리라.
"험"

색 인 표

ㄱ

가경(제9세)(24권)
가관 선사(19권)
가나제바(2권)
가문 선사(16권)
가비마라(1권)
가선 선사(26권)
가섭불(1권)
가야사다(2권)
가지 선사(10권)
가홍 선사(26권)
가훈 선사(26권)
가휴 선사(19권)
가휴(제2세)(24권)
간 선사(22권)
감지 행자(10권)
감홍 선사(15권)
강 선사(21권)
거방 선사(4권)
거회 선사(16권)
건봉 화상(17권)
계학산 화상(19권)
견숙 선사(8권)
겸 선사(20권)
경 선사(23권)
경산 감종(10권)
경산 홍인(11권)
경상(관음원)(26권)
경상(숭복원)(26권)
경소 선사(26권)
경여(제2세)(24권)
경잠 초현(10권)
경조 현자(17권)
경조미 화상(11권)
경준 선사(25권)
경진 선사(26권)
경탈 화상(22권)
경탈 화상(29권)

경통 선사(12권)
경현 선사(26권)
경혜 선사(15권)
경흔 선사(16권)
계눌 선사(21권)
계달 선사(24권)
계변 선사(19권)
계여 암주(21권)
계유 선사(23권)
계조 선사(25권)
계종 선사(24권)
계침 선사(21권)
계허 선사(10권)
고 선사(12권)
고사 화상(8권)
고정 화상(10권)
고정간선사(16권)
고제 화상(9권)
곡산 화상(23권)
곡산장 선사(16권)
곡은 화상(15권)
공기 화상(9권)
곽산 화상(11권)
관계 지한 선사(12권)
관남 장로(30권)
관음 화상(22권)
관주 나한(24권)
광 선사(14권)
광과 선사(23권)
광달 선사(25권)
광덕(제1세)(20권)
광목 선사(12권)
광법 행흠(24권)
광보 선사(13권)
광산 화상(23권)
광오 선사(22권)
광오(제4세)(17권)
광용 선사(12권)

광우 선사(24권)
광원 화상(26권)
광인 선사(15권)
광인 선사(17권)
광일 선사(20권)
광일 선사(25권)
광제 화상(20권)
광징 선사(8권)
광혜진 선사(13권)
광화 선사(20권)
괴성 선사(26권)
교 화상(12권)
교연 선사(18권)
구 화상(24권)
구나함모니불(1권)
구류손불(1권)
구마라다(2권)
구봉 도건(16권)
구봉 자혜(11권)
구산 정원(10권)
구산 화상(21권)
구종산 화상(15권)
구지 화상(11권)
굴다삼장(5권)
귀 선사(22권)
귀본 선사(19권)
귀신 선사(23권)
귀인 선사(20권)
귀정 선사(13권)
귀종 지상(7권)
규봉 종밀(13권)
근 선사(26권)
금륜 화상(22권)
금우 화상(8권)
기림 화상(10권)

ㄴ

나찬 화상(30권)

나한 화상(11권)
나한 화상(24권)
낙보 화상(30권)
남대 성(21권)
남대 화상(20권)
남악 남대(20권)
남악 회양(5권)
남원 화상(12권)
남원 화상(19권)
남전 보원(8권)
낭 선사(23권)
내 선사(22권)
녹 화상(21권)
녹수 화상(11권)
녹원 화상(13권)
녹원휘 선사(16권)
녹청 화상(15권)

ㄷ

다복 화상(11권)
단기 선사(23권)
단하 천연(14권)
달 화상(24권)
담공 화상(12권)
담권(제2세)(20권)
담명 화상(23권)
담장 선사(8권)
담조 선사(10권)
담최 선사(4권)
대각 선사(12권)
대각 화상(12권)
대동 선사(15권)
대랑 화상(23권)
대력 화상(24권)
대령 화상(17권)
대모 화상(10권)
대범 화상(20권)
대비 화상(12권)

색 인 표

대승산 화상(23권)
대안 선사(9권)
대양 화상(8권)
대육 선사(7권)
대의 선사(7권)
대전 화상(14권)
대주 혜해(6권)
대천 화상(14권)
덕겸 선사(23권)
덕부 스님(29권)
덕산 선감(15권)
덕산(제7세)(20권)
덕소 국사(25권)
덕해 선사(22권)
도 선사(21권)
도간(제2세)(20권)
도건 선사(23권)
도견 선사(26권)
도겸 선사(23권)
도광 선사(21권)
도단 선사(26권)
도림 선사(4권)
도명 선사(4권)
도명 선사(6권)
도부 선사(18권)
도부 대사(19권)
도상 선사(10권)
도상 선사(25권)
도수 선사(4권)
도신 대사(3권)
도연 선사(20권)
도오(관남)(11권)
도오(천황)(14권)
도원 선사(26권)
도유 선사(17권)
도은 선사(21권)
도은 선사(23권)
도응 선사(17권)

도자 선사(26권)
도잠 선사(25권)
도전 선사 (17권)
도전(제12세)(24권)
도제(제11세)(26권)
도통 선사(6권)
도한 선사(17권)
도한 선사(22권)
도행 선사(6권)
도헌 선사(12권)
도흠 선사 (25권)
도흠 선사(4권)
도흠(제2세)(24권)
도희 선사(21권)
도희 선사(22권)
동계 화상(20권)
동봉 암주(12권)
동산 양개(15권)
동산혜 화상(9권)
동선 화상(19권)
동안 화상(8권)
동안 화상(16권)
동정 화상(23권)
동천산 화상(20권)
동탑 화상(12권)
둔유 선사(17권)
득일 선사(21권)
등등 화상(30권)

ㄹ
라후라다(2권)

ㅁ
마나라(2권)
마명 대사(1권)
마조 도일(6권)
마하가섭(1권)
만 선사(22권)

만세 화상(9권)
만세 화상(12권)
명 선사(17권)
명 선사(22권)
명 선사(23권)
명교 선사(22권)
명달소안(제4세)(26)권
명법 대사(21권)
명변 대사(22권)
명식 대사(22권)
명오 대사(22권)
명원 선사(21권)
명진 대사(19권)
명진 선사(21권)
명철 선사(7권)
명철 선사(14권)
명혜 대사(24권)
명혜 선사(22권)
모 화상(17권)
자사진조(12권)
몽계 화상(8권)
몽필 화상(19권)
묘공 대사(21권)
묘과 대사(21권)
무등 선사(7권)
무료 선사(8권)
무업 선사(8권)
무염 대사(12권)
무원 화상(15권)
무은 선사(17권)
무일 선사(24권)
무주 선사(4권)
무휴 선사(20권)
문 화상(22권)
문수 선사(17권)
문수 선사(25권)
문수 화상(16권)
문수 화상(20권)

문습 선사(24권)
문언 선사(19권)
문의 선사(21권)
문익 선사(24권)
문흠 선사(22권)
문희 선사(12권)
미령 화상(12권)
미령 화상(8권)
미선사(제2세)(23권)
미차가(1권)
미창 화상(12권)
미창 화상(14권)
민덕 화상(12권)

ㅂ
바사다다(2권)
바수밀(1권)
바수반두(2권)
박암 화상(17권)
반산 화상(15권)
반야다라(2권)
방온 거사(8권)
배도 선사(30권)
배휴(12권)
백거이(10권)
백곡 화상(23권)
백령 화상(8권)
백수사화상(16권)
백운 화상(24권)
백운약 선사(15권)
범 선사(20권)
범 선사(23권)
법건 선사(26권)
법괴 선사(26권)
법단 대사(11권)
법달 선사(5권)
법등 태흠(30권)
법만 선사(13권)

색 인 표

법보 선사(22권)
법상 선사(7권)
법운 대사(22권)
법운공(27권)
법융 선사(4권)
법의 선사(20권)
법제 선사(23권)
법제(제2세)(26권)
법지 선사(4권)
법진 선사(11권)
법해 선사(5권)
법현 선사(24권)
법회 선사(6권)
변륭 선사(26권)
변실(제2세)(26권)
보 선사(22권)
보개산 화상(17권)
보개약 선사(16권)
보광 혜심(24권)
보광 화상(14권)
보리달마(3권)
보만 대사(17권)
보명 대사(19권)
보문 대사(19권)
보봉 신당(17권)
보봉 화상(15권)
보수 화상 (12권)
보수소 화상(12권)
보승 선사(24권)
보안 선사(9권)
보운 선사(7권)
보응 화상(12권)
보적 선사(7권)
보지 선사(27권)
보철 선사(7권)
보초 선사(24권)
보화 화상(10권)
보화 화상(24권)

복계 화상(8권)
복룡산(제1세)(17권)
복룡산(제2세)(17권)
복룡산(제3세)(17권)
복림 선사(13권)
복분 암주(12권)
복선 화상(26권)
복수 화상(13권)
복타밀다(1권)
본계 화상(8권)
본동 화상(14권)
본선 선사(26권)
본인 선사(17권)
본정 선사(5권)
봉 선사(11권)
봉 화상(23권)
봉린 선사(20권)
부강 화상(11권)
부나야사(1권)
부배 화상(8권)
부석 화상(11권)
불암휘 선사(12권)
불여밀다(2권)
불오 화상(8권)
불일 화상(20권)
불타 화상(14권)
불타난제(1권)
붕언 대사(26권)
비 선사(20권)
비구니 요연(11권)
비마암 화상(10권)
비바시불(1권)
비사부불(1권)
비수 화상(8권)
비전복 화상(16권)

ㅅ

사 선사(23권)

사건 선사(17권)
사구 선사(26권)
사귀 선사(22권)
사내 선사(19권)
사눌 선사(21권)
사명 선사(12권)
사명 화상((15권)
사밀 선사(23권)
사보 선사(23권)
사선 화상(16권)
사야다(2권)
사언 선사(17권)
사욱 선사(18권)
사위 선사(20권)
사자 존자(2권)
사정 상좌(21권)
사조 선사(10권)
사지 선사(26권)
사진 선사(22권)
사해 선사(11권)
사호 선사(26권)
삼상 화상(20권)
삼성 혜연(12권)
삼양 암주(12권)
상 선사(22권)
상 화상(22권)
상각 선사(24권)
상관 선사(9권)
상나화수(1권)
상전 화상(26권)
상진 선사(23권)
상찰 선사(17권)
상통 선사(11권)
상혜 선사(21권)
상홍 선사(7권)
서 선사(19권)
서륜 선사(25권)
서목 화상(11권)

서선 화상(10권)
서선 화상(20권)
서암 화상(17권)
석가모니불(1권)
석경 화상(23권)
석구 화상(8권)
석두 희천(14권)
석루 화상(14권)
석림 화상(8권)
석상 경제(15권)
석상 대선 (8권)
석상 성공(9권)
석상휘 선사(16권)
석제 화상(11권)
석주 화상(16권)
선각 선사(8권)
선도 선사(20권)
선도 화상(14권)
선미(제3세)(26권)
선본 선사(17권)
선상 대사(22권)
선소 선사(13권)
선소 선사(24권)
선자 덕성(14권)
선장 선사(17권)
선정 선사(20권)
선천 화상(14권)
선최 선사 (12권)
선혜 대사(27권)
설봉 의존(16권)
성공 선사(14권)
성선사(제3세)(20권)
성수엄 선사(17권)
소 화상(22권)
소계 화상(30권)
소명 선사(26권)
소산 화상(30권)
소수 선사(24권)

색 인 표

소암 선사(25권)
소요 화상(8권)
소원(제4세)(24권)
소자 선사(23권)
소종 선사(12권)
소진 대사(12권)
소현 선사(25권)
송산 화상(8권)
수 선사(24권)
수계 화상(8권)
수공 화상(14권)
수눌 선사(19권)
수눌 선사(26권)
수당 화상(8권)
수로 화상(8권)
수룡산 화상(21권)
수륙 화상(12권)
수빈 선사(21권)
수산 성념(13권)
수안 선사(24권)
수월 대사(21권)
수유산 화상(10권)
수인 선사(25권)
수진 선사(24권)
수청 선사(22권)
순지 대사(12권)
숭 선사(22권)
숭교 대사(23권)
숭산 화상(10권)
숭은 화상(16권)
숭진 화상(23권)
숭혜 선사(4권)
습득(27권)
승 화상(23권)
승가 화상(27권)
승가난제(2권)
승광 화상(11권)
승나 선사(3권)

승둔 선사(26권)
승밀 선사(15권)
승일 선사(16권)
승찬 대사(3권)
시기불(1권)
시리 선사(14권)
신건 선사(11권)
신당 선사(17권)
신라 청원(17권)
신록 선사(23권)
신수 선사(4권)
신안 국사(18권)
신장 선사(8권)
신찬 선사(9권)
실성 대사(22권)
심 선사(23권)
심철 선사(20권)
쌍계전도자(12권)

ㅇ

아난 존자(1권)
악록산 화상(22권)
안선사(제1세)(20권)
암 화상(20권)
암두 전활(16권)
암준 선사(15권)
앙산 혜적(11권)
애 선사(23권)
약산 유엄(14권)
약산(제7세)(23권)
약산고 사미(14권)
양 선사(6권)
양 좌주(8권)
양광 선사(25권)
양수 선사(9권)
언단 선사(22권)
언빈 선사(20권)
엄양 존자(11권)

여눌 선사(15권)
여만 선사(6권)
여민 선사(11권)
여보 선사(12권)
여신 선사(22권)
여체 선사(19권)
여회 선사(7권)
역촌 화상(12권)
연 선사(21권)
연관 선사(24권)
연교 대사(12권)
연규 선사(25권)
연덕 선사(26권)
연무 선사(17권)
연수 선사(26권)
연수 화상(23권)
연승 선사(26권)
연종 선사(19권)
연화(제2세)(23권)
연화상(제2세)(23권)
영 선사(19권)
영가 현각(5권)
영각 화상(20권)
영감 선사(26권)
영감 화상(23권)
영관사(12권)
영광 선사(24권)
영규 선사(15권)
영도 선사(5권)
영명 대사(18권)
영묵 선사(7권)
영서 화상(13권)
영숭(제1세)(23권)
영안(제5세)(26권)
영암 화상(23권)
영엄 선사(23권)
영운 지근(11권)
영준 선사(15권)

영초 선사(16권)
영태 화상(19권)
영평 선사(23권)
영함 선사(21권)
영훈 선사(10권)
오공 대사(23권)
오공 선사(24권)
오구 화상(8권)
오운 화상(30권)
오통 대사(23권)
온선사(제1세)(20권)
와관 화상(16권)
와룡 화상(17권)
와룡 화상(20권)
왕경초상시(11권)
요 화상(23권)
요각(제2세)(21권)
요공 대사(21권)
요산 화상(11권)
요종 대사(21권)
용 선사(20권)
용수 존자(1권)
용계 화상(20권)
용광 화상(20권)
용담 숭신(14권)
용산 화상(8권)
용아 거둔(17권)
용운대 선사(9권)
용준산 화상(17권)
용천 화상(23권)
용청 선사(26권)
용혈산 화상(23권)
용회 도심(30권)
용흥 화상(17권)
우녕 선사(26권)
우두미 선사(15권)
우바국다(1권)
우섬 선사(26권)

색 인 표

우안 선사(26권)	유장 선사(20권)	자광 화상(23권)	조산 본적(17권)
우연 선사(21권)	유정 선사(4권)	자국 화상(16권)	조수(제2세)(24권)
우연 선사(22권)	유정 선사(6권)	자동 화상(11권)	조주 종심(10권)
우진 선사(26권)	유정 선사(9권)	자만 선사(6권)	존수 선사(16권)
운개 지한(17권)	유칙 선사(4권)	자복 화상(22권)	종괴 선사(21권)
운개경 화상(17권)	육긍 대부(10권)	자재 선사(7권)	종귀 선사(22권)
운산 화상(12권)	육통원소선사(17권)	자화 선사(22권)	종랑 선사(11권)
운암 담성(14권)	윤 선사(22권)	장 선사(20권)	종범 선사(17권)
운주 화상(20권)	윤 스님(29권)	장 선사(23권)	종선 선사(24권)
운진 선사(23권)	은미 선사(23권)	장경 혜릉(18권)	종성 선사(23권)
원 선사(22권)	은봉 선사(8권)	장용 선사(22권)	종습 선사(19권)
원 화상(23권)	응천 화상(11권)	장이 선사(10권)	종실 선사(23권)
원광 선사(23권)	의능(제9세)(26권)	장평산 화상(12권)	종의 선사(26권)
원규 선사(4권)	의룽 선사(26권)	적조 선사(21권)	종일 선사(21권)
원명 선사(11권)	의소 화상(23권)	전긍 선사(26권)	종일 선사(26권)
원명(제3세)(23권)	의안 선사(14권)	전법 화상(23권)	종전 선사(19권)
원명(제9세)(22권)	의원 선사(26권)	전부 선사(12권)	종정 선사(19권)
원소 선사(26권)	의유(제13세)(26권)	전식 선사(4권)	종지 선사(20권)
원안 선사(16권)	의인 선사(23권)	전심 대사(21권)	종철 선사(12권)
원엄 선사(19권)	의전 선사(26권)	전은 선사(24권)	종현 선사(25권)
원제 선사(26권)	의초 선사(12권)	전초 선사(20권)	종혜 대사(23권)
원조 대사(23권)	의총 선사(22권)	정 선사(21권)	종효 선사(21권)
원지 선사(14권)	의충 선사(14권)	정과 선사(20권)	종흔 선사(21권)
원지 선사(21권)	이산 화상(8권)	정수 대사(22권)	주 선사(24권)
월륜 선사(16권)	이종 선사(10권)	정수 선사(13권)	주지 선사(21권)
월화 화상(24권)	인 선사(19권)	정오 대사(21권)	준 선사(24권)
위 선사(20권)	인 선사(22권)	정오 선사(20권)	준고 선사(15권)
위국도 선사(9권)	인 화상(23권)	정원 화상(23권)	중도 화상(20권)
위부 화엄(30권)	인검 선사(4권)	정조 혜동(26권)	중만 선사(23권)
위산 영우(9권)	인종 화상(5권)	정혜 선사(24권)	중운개 화상(16권)
유 선사(24권)	인혜 대사(18권)	정혜 화상(21권)	중흥 선사(15권)
유 화상(24권)	일용 화상(11권)	제 선사(25권)	증각 선사(23권)
유건 선사(6권)	일자 화상(10권)	제다가(1권)	증선사(제2세)(20권)
유경 선사(29권)	임전 화상(19권)	제봉 화상(8권)	지 선사(4권)
유계 화상(15권)	임제 의현(12권)	제안 선사(7권)	지견 선사(6권)
유관 선사(7권)	임천 화상(22권)	제안 화상(10권)	지관 화상(12권)
유연 선사(17권)		조 선사(9권)	지구 선사(22권)
유원 화상(8권)	ㅈ	조 선사(22권)	지균 선사(25권)

색 인 표

지근 선사(26권)
지단 선사(22권)
지덕 대사(21권)
지도 선사(5권)
지륜 선사(24권)
지묵(제2세)(22권)
지봉 대사(26권)
지봉 선사(4권)
지부 선사(18권)
지상 선사(5권)
지성 선사(5권)
지암 선사(4권)
지엄 선사(24권)
지옹(제3세)(24권)
지원 선사(16권)
지원 선사(17권)
지원 선사(21권)
지위 선사(4권)
지은 선사(24권)
지의 대사(25권)
지의 선사(27권)
지의 화상(12권)
지장 선사(7권)
지장 화상(24권)
지적 선사(22권)
지조(제3세)(23권)
지진 선사(9권)
지징 대사(26권)
지철 선사(5권)
지통 선사(10권)
지통 선사(5권)
지행(제2세)(23권)
지황 선사(5권)
지휘 선사(20권)
진 선사(20권)
진 선사(23권)
진 존숙(12권)
진각 대사(18권)

진각 대사(24권)
진감(제4세)(23권)
진랑 선사(14권)
진응 선사(13권)
진적 선사(21권)
진적 선사(23권)
진화상(제3세)(23권)
징 선사(22권)
징 화상(24권)
징개 선사(24권)
징원 선사(22권)
징정 선사(21권)
징조 대사(15권)

ㅊ

찰 선사(29권)
창선사(제3세)(20권)
책진 선사(25권)
처미 선사(9권)
처진 선사(20권)
천개유 선사(16권)
천룡 화상(10권)
천복 화상(15권)
천왕원 화상(20권)
천태 화상(17권)
청간 선사(12권)
청교 선사(23권)
청면(제2세)(23권)
청모 선사(24권)
청법 선사(21권)
청석 선사(25권)
청양 선사(13권)
청요 선사(23권)
청용 선사(25권)
청욱 선사(26권)
청원 화상(17권)
청원 행사(5권)

청좌산 화상(20권)
청진 선사(23권)
청품(제8세)(23권)
청해 선사(23권)
청해 선사(24권)
청호 선사(21권)
청환 선사(21권)
청활 선사(22권)
초 선사(20권)
초남 선사(12권)
초당 화상(8권)
초복 화상(15권)
초오 선사(19권)
초증 대사(18권)
초훈(제4세)(24권)
총인 선사(7권)
추산 화상(17권)
충언(제8세)(23권)
취미 무학(14권)
칙천 화상(8권)
침 선사(22권)

ㅌ

타지 화상(8권)
태원부 상좌(19권)
태흠 선사(25권)
통 선사(17권)
통 선사(19권)
통법 도성(26권)
통변 도홍(26권)
통화상(제2세)(24권)
투자 감온(15권)

ㅍ

파조타 화상(4권)
파초 화상(16권)
파초 화상(20권)

포대 화상(27권)
풍 선사(23권)
풍간 선사(27권)
풍덕사 화상(12권)
풍혈 연소(13권)
풍화 화상(20권)

ㅎ

하택 신회(5권)
학륵나(2권)
학림 선사(4권)
한 선사(10권)
한산자(27권)
함계 선사(17권)
함광 선사(24권)
함택 선사(21권)
항마장 선사(4권)
해안 선사(16권)
해호 화상(16권)
행랑 선사(23권)
행명 대사(26권)
행수 선사(17권)
행숭 선사(22권)
행애 선사(23권)
행언 도사(25권)
행인 선사(23권)
행전 선사(20권)
행주 선사(19권)
행충(제1세)(23권)
향 거사(3권)
향성 화상(20권)
향엄 지한(11권)
향엄의단선사(10권)
헌 선사(20권)
현눌 선사(19권)
현량 선사(24권)
현밀 선사(23권)
현사 사비(18권)

색 인 표

현소 선사(4권)
현오 선사(20권)
현정 대사(4권)
현지 선사(24권)
현진 선사(10권)
현책 선사(5권)
현천언 선사(17권)
현천(제2세)(23권)
현칙 선사(25권)
현태 상좌(16권)
현통 선사(18권)
협 존자(1권)
협산 선회(15권)
혜 선사(20권)
혜 선사(22권)
혜 선사(23권)
혜가 대사(3권)
혜각 대사(21권)
혜각 선사(11권)
혜거 국사(25권)
혜거 선사(20권)
혜거 선사(26권)
혜공 선사(16권)
혜광 대사(23권)
혜능 대사(5권)
혜달 선사(26권)
혜랑 선사(14권)
혜랑 선사(21권)
혜랑 선사(26권)
혜렴 선사(22권)
혜륜 대사(22권)
혜만 선사(3권)
혜명 선사(25권)
혜방 선사(4권)
혜사 선사(27권)
혜성 선사(14권)
혜성(제14세)(26권)
혜안 국사(4권)

혜오 선사(21권)
혜원 선사(25권)
혜월법단(제3세)(26권)
혜일 대사(11권)
혜장 선사(6권)
혜제 선사(25권)
혜종 선사(17권)
혜철(제2세)(23권)
혜청 선사(12권)
혜초 선사(9권)
혜충 국사(5권)
혜충 선사(4권)
혜충 선사(23권)
혜하 대사(20권)
혜해 선사(20권)
호감 대사(22권)
호계 암주(12권)
홍구 선사(12권)
홍나 화상(8권)
홍변 선사(9권)
홍엄 선사(21권)
홍은 선사(6권)
홍인 대사(3권)
홍인 선사(22권)
홍장(제4세)(23권)
홍제 선사(23권)
홍진 선사(24권)
홍천 선사(16권)
홍통 선사(20권)
화룡 화상(23권)
화림 화상(14권)
화산 화상(17권)
화엄 화상(20권)
환보 선사(16권)
환중 선사(9권)
황룡(제2세)(26권)
황벽 희운(9권)
회기 대사(23권)

회악 선사(18권)
회악(제4세)(20권)
회우 선사(16권)
회운 선사(7권)
회운 선사(20권)
회정 선사(9권)
회주 선사(23권)
회초(제2세)(23권)
회충 선사(16권)
회통 선사(4권)
회해 선사(6권)
횡룡 화상(23권)
효료 선사(5권)
효영(제5세)(26권)
효오 대사(21권)
후 화상(22권)
후동산 화상(20권)
후초경 화상(22권)
휴정 선사(17권)
흑간 화상(8권)
흑수 화상(24권)
흑안 화상(8권)
흥고 선사(23권)
흥법 대사(18권)
흥평 화상(8권)
흥화 존장(12권)
희변 선사(26권)
희봉 선사(25권)
희원 선사(26권)

부록은 농선 대원 선사님의 인가 내력과 법어 그리고 대원 선사님께서 직접 작사하신 노래 가사를 실었다. 특히 요즘 선지식 없이 공부하는 이들을 위하여 수행의 길로부터 불보살님의 누림까지 닦아 증득할 수 있도록 '부록4'에 '가슴으로 부르는 불심의 노래' 가사를 담았으니 끝까지 정독하여 수행의 요긴한 지침이 되기를 바란다.

부 록

부록1 농선 대원 선사님 인가 내력 299

부록2 농선 대원 선사님 법어 307

부록3 21세기에 인류가 해야 할 일 323

부록4 가슴으로 부르는 불심의 노래 327

농선 대원 선사님 인가 내력

제 1 오도송

이 몸을 끄는 놈이 무슨 물건인가?
골똘히 생각한 지 서너 해 되던 때에
쉬이하고 불어온 솔바람 한 소리에
홀연히 대장부의 큰 일을 마치었네

무엇이 하늘이고 무엇이 땅이런가
이 몸이 청정하여 이러-히 가없어라
안팎 중간 없는 데서 이러-히 응하니
취하고 버림이란 애당초 없다네

하루 온종일 시간이 다하도록
헤아리고 분별한 그 모든 생각들이
옛 부처 나기 전의 오묘한 소식임을
듣고서 의심 않고 믿을 이 누구인가!

此身運轉是何物
疑端汨沒三夏來
松頭吹風其一聲
忽然大事一時了

何謂靑天何謂地
當體淸淨無邊外
無內外中應如是
小分取捨全然無

一日於十有二時
悉皆思量之分別
古佛未生前消息
聞者卽信不疑誰

　　대원 선사님의 스승이신 불조정맥 제77조 조계종(曹溪宗) 전강(田岡) 대선사님께서 1962년 대구 동화사의 조실로 계실 당시 대원 선사님께서도 동화사에 함께 머무르고 계셨다.
　　하루는 전강 대선사님께서 대원 선사님의 3연으로 되어 있는 제1오도송을 들어 깨달은 바는 분명하나 대개 오도송은 짧게 짓는다고 말씀하셨다. 이에 대원 선사님께서는 제1오도송을 읊은 뒤, 도솔암을 떠나 김제들을 지나다가 석양의 해와 달을 보고 문득 읊었던 제2오도송을 일러드렸다.

    제 2 오도송

  해는 서산 달은 동산 덩실하게 얹혀 있고
  김제의 평야에는 가을빛이 가득하네
  대천이란 이름자도 서지를 못하는데
  석양의 마을길엔 사람들 오고 가네

  日月兩嶺載同模
  金提平野滿秋色
  不立大千之名字
  夕陽道路人去來

제2오도송을 들으신 전강 대선사님께서는 이에 그치지 않고 그와 같은 경지를 담은 게송을 이 자리에서 즉시 한 수 지어볼 수 있겠냐고 하셨다. 대원 선사님께서는 곧바로 다음과 같이 읊으셨다.

  바위 위에는 솔바람이 있고
  산 아래에는 황조가 날도다

대천도 흔적조차 없는데
달밤에 원숭이가 어지러이 우는구나

岩上在松風
山下飛黃鳥
大千無痕迹
月夜亂猿啼

전강 대선사님께서는 위 송의 앞의 두 구를 들으실 때만 해도 지그시 눈을 감고 계시다가 뒤의 두 구를 마저 채우자 문득 눈을 뜨고 기뻐하는 빛이 역력하셨다.
그러나 전강 대선사님께서는 여기에서도 그치지 않고 다시 한 번 물으셨다.
"대중들이 자네를 산으로 불러내어 그 중에 법성(향곡 스님 법제자인 진제 스님. 동화사 선방에 있을 당시에 '법성'이라 불렀고, 나중에 '법원'으로 개명하였다.)이 달마불식(達磨不識) 도리를 일러보라 했을 때 '드러났다'라고 답했다는데, 만약에 자네가 당시의 양무제였다면 '모르오'라고 이르고 있는 달마 대사에게 어떻게 했겠는가?"
대원 선사님께서 답하셨다.
"제가 양무제였다면 '성인이라 함도 서지 못하나 이러-히 짐의 덕화와 함께 어우러짐이 더욱 좋지 않겠습니까?' 하며 달마 대사의 손을 잡아 일으켰을 것입니다."
전강 대선사님께서 탄복하며 말씀하셨다.
"어느새 그 경지에 이르렀는가?"

"이르렀다곤들 어찌하며, 갖추었다곤들 어찌하며, 본래라곤들 어찌하리까? 오직 이러-할 뿐인데 말입니다."

대원 선사님께서 연이어 말씀하시자 전강 대선사님께서 이에 환희하시니 두 분이 어우러진 자리가 백아가 종자기를 만난 듯, 고수명창 어울리듯 화기애애하셨다.

달마불식 공안에 대한 위의 문답은 내력이 있는 것이다. 전강 대선사님께서 대원선사님을 부르시기 며칠 전에, 저녁 입선 시간 중에 노장님 몇 분만이 자리에 앉아있을 뿐 자리가 텅텅 비어 있었다고 한다.

대원 선사님께서 이상히 여기고 있던 중, 밖에서 한 젊은 수좌가 대원선사님을 불렀다. 그 수좌의 말이 스님들이 모두 윗산에 모여 기다리고 있으니 가자고 하기에 무슨 일인가 하고 따라가셨다.

그러자 그 자리에 있던 법성 스님이 보자마자 달마불식 법문을 들고 이르라고 하기에 지체없이 답하셨다.

"드러났다."

곁에 계시던 송암 스님께서 또 안수정등 법문을 들고 물으셨다.

"여기서 어떻게 살아나겠소?"

대뜸 큰소리로 이르셨다.

"안·수·정·등."

이에 좌우에 모인 스님들이 함구무언(緘口無言)인지라 대원 선사님께서는 먼저 그 자리를 떠나 내려와 버리셨다.

그 다음날 입승인 명허 스님께서 아침 공양이 끝난 자리에서 지난 밤 입선시간 중에 무단으로 자리를 비운 까닭을 묻는 대중 공사를 붙여산 중에서 있었던 일들이 낱낱이 드러나고 말았다. 그리하여 입선시간 중에 자리를 비운 스님들은 가사 장삼을 수하고 조실인 전강 대선사님께 참회의 절을 했던 일이 있었다.

전강 대선사님께서는 이때에 대원 선사님께서 달마불식 도리에 대해 일렀던 경지를 점검하셨던 것이다.

이런 철저한 검증의 자리가 있었던 다음 날, 전강 대선사님께서 부르시기에 대원 선사님께서 가보니 모든 것이 약조된 데에서 주지인 월산(月山) 스님께서 입회해 계셨으며 전강 대선사님께서는 곧바로 다음과 같이 전법게(傳法偈)를 전해주셨다.

전 법 게

부처와 조사도 일찍이 전한 것이 아니거늘
나 또한 어찌 받았다 하며 준다 할 것인가
이 법이 2천년대에 이르러서
널리 천하 사람을 제도하리라

佛祖未曾傳
我亦何受授
此法二千年
廣度天下人

덧붙여 이 일은 월산 스님이 증인이며 2000년까지 세 사람 모두 절대 다른 사람이 알게 하거나 눈에 띄게 하지 않아야 한다고 당부하셨다.

 만약 그러지 않을 시에는 대원 선사님께서 법을 펴 나가는데 장애가 있을 것이라고 예언하셨다. 또한 각별히 신변을 조심하라 하시고 월산 스님에게 명령해 대원선사님을 동화사의 포교당인 보현사에 내려가 교화에 힘쓰게 하셨다.

 대원 선사님께서 보현사로 떠나는 날, 전강 대선사님께서는 미리 적어두셨던 부송(付頌)을 주셨으니 다음과 같다.

  부 송

 어상을 내리지 않고 이러-히 대한다 함이여
 뒷날 돌아이가 구멍 없는 피리를 불리니
 이로부터 불법이 천하에 가득하리라

 不下御床對如是
 後日石兒吹無孔
 自此佛法滿天下

 위의 게송에서 '어상을 내리지 않고 이러-히 대한다 함이여'라는 첫째 줄 역시 내력이 있는 구절이다.

 전에 대원 선사님께서 전강 대선사님을 군산 은적사에서 모시고 계실 당시 마당에서 홀연히 마주쳤을 때 다음과 같은 문답이 있었다.

 전강 대선사님께서 물으셨다.

 "공적(空寂)의 영지(靈知)를 이르게."

대원 선사님께서 대답하셨다.

"이러-히 스님과 대담(對談)합니다."

"영지의 공적을 이르게."

"스님과의 대담에 이러-합니다."

"어떤 것이 이러-히 대담하는 경지인가?"

"명왕(明王)은 어상(御床)을 내리지 않고 천하 일에 밝습니다."

위와 같은 문답 중에 대원 선사님께서 답하신 경지를 부송의 첫째 줄에 담으신 것이다.

전강 대선사님께서 대원선사님을 인가(印可)하신 과정을 볼 때 한 번, 두 번, 세 번을 확인하여 철저히 점검하신 명안종사의 안목에 탄복하지 않을 수 없으며 이에 끝까지 1초의 머뭇거림도 없이 명철하셨던 대원선사님께 찬탄하지 않을 수 없다.

그리하여 법열로 어우러진 두 분의 자리가 재현된 듯 함께 환희용약하지 않을 수 없다.

이제 전강 대선사님과 약속한 2천년대를 맞이하였으므로 여기에 전법게를 밝힌다.

이로써 경허, 만공, 전강 대선사님으로 내려온 근대 대선지식의 정법의 횃불이 이 시대에 이어져 전강 대선사님의 예언대로 불법이 천하에 가득할 것이다.

농선 대원 선사님 법어

  깨달음은 실증실수다. 그러나 지금의 불교가 잘못된 견해와 지식으로 불조의 가르침을 왜곡하고 견성성불 하고자 애쓰는 수행인들을 오히려 길을 잃고 헤매게 하고 있다.

  그래서 이 장에서는 대원 선사님의 혜안으로 제방에서 논의되는 불교의 핵심적인 대목을 밝혀, 불조의 근본 종지를 드러내고 불교가 나아가야 할 바를 보였다.

  깨달음의 정수를 담은 12게송은 실제 깨닫지 못하고 말로만 깨달음을 말하거나 혹은 깨달았다 해도 보림이 미진한 이들을 경계하게 하며 실증의 바탕에서 닦아 증득할 수 있도록 하였으니, 생사를 결단하고 본연한 참나를 회복하려는 이들에게 칠흑 같은 밤길에 등불과 같은 길잡이가 될 것이다.

화두실참

　제방의 선방 상황을 보면 목적지에 이르는 길을 몰라 노정길을 묻고 있는 격이다. 무자와 이뭐꼬 화두가 최고라 하면서도 실제 실참을 하지 못하고 있기 때문이다. '이 무엇인고?' 하면서 이 눈으로 보려 한다면 경계 위에서 찾는 것이어서 억만 겁을 두고 찾아도 찾을 수 없다. 그러므로 깨달아 일체종지를 이룬 스승의 분명한 안목의 지도가 없다면 화두를 들든, 관법을 행하든, 염불을 하든 깨달음을 기약한다는 것이 정말 어렵다 할 것이다.

개유불성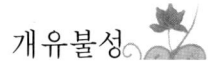

부처님께서 분명히 준동함령 개유불성(蠢動含靈 皆有佛性)이라고 하셨다. 이것은 모든 만물이 다 부처가 될 성품을 갖고 있다는 뜻이다. 불성이 하나라고 주장하는 목소리가 불교계에 드높으나 이것은 개유불성 즉, 낱낱이 제 불성은 제가 지니고 있다는 부처님의 말씀을 정면으로 어기는 말이다.

옛 선사님 말씀에 '천지(天地)가 여아동근(與我同根)이고 만물(万物)이 여아일체(與我一切)'라고 했다. '천지가 여아동근이다'라는 것은 하늘 땅이 나와 더불어 같은 뿌리라는 말이다.

'나와 더불어'라고 했고 또한 한 뿌리가 아니라 같은 뿌리라고 했다. '더불 여(與)'자와 '같을 동(同)'자가 이미 하나라 할 수 없다는 것을 말해주고 있다. 즉 이 말은 하나와도 같다, 한결같이 똑같다는 말이다. 하나라면 '같을 동'자 뿐만 아니라 일이란 글자도 설 수 없다. 일은 이가 있을 때에야 비로소 설 수 있는 것이다.

그러므로 '천지가 여아동근이다' 즉 하늘과 땅이 나와 더불어 같은 뿌리라는 것은 모든 것이 한결같이 가없는 성품 자체에서 비롯되었다는 말이다.

또한 '만물이 여아일체이다' 즉 만물이 나와 더불어 한 몸이라는 말에서 일체란 하나의 몸을 말하는 것이 아니라 모든 불성이 가없는 성품 자체로 서로 상즉한 온통인 몸을 말하는 것이어서 만물이 나와 더불어 상즉한 자체를 말한 것이다.

공부를 많이 한 사람이 외도에 깊이 떨어지는 경우가 있다. 인가를 받지 못한 선지식들이 모두 체성을 보지 못한 이는 아니다. 가없는 성품 자체에 사무치고 보니 도저히 둘일 수가 없으므로 불성이 하나라고 한 것이다. 그러나 불성이 하나라고 하는 것은 바른 깨달음이 아니다. 그래서 인가를 받지 않으면 외도라 하는 것이다. 체성에 사무쳤다 해도 스승의 지도를 받아 일체종지를 이루지 못하면 이런 큰 허물을 짓는 것이다.

만약 불성이 하나라고 하는 이가 있으면 "아픈 것을 느끼는 것이 몸뚱이냐, 자성이냐?"라고 물어야 한다. 그러면 당연히 누구나 자성이라고 답할 것이다. 만약 몸뚱이가 아픔을 느끼는 것이라면 시체도 아픔을 느껴야 하기 때문이다. 이렇게 볼 때에 자성이 하나라면 누군가 아플 때 동시에 모두 아픔을 느껴야 할 것이다. 또한 한 사람이 생각을 일으킬 때 이를 모두 알아야 한다. 불성이 하나라면 마음도 하나여서 다른 마음이 있을 수 없기 때문이다.

희비송(喜悲頌)

이름도 없고 상도 없는 일 없는 사람이
태평의 노래를 흥에 취해 불렀더니
때도 없고 끝도 없는 구제의 일이
대천세계에 충만히 펼쳐졌네

無名無相無事人
太平之歌唱興醉
無時無端救濟事
大千世界布充滿

정신송(正信頌)

이름도 없고 상도 없는 이 바탕인 몸이여
이 바탕을 깨달은 믿음이라야 이 바른 믿음이라
이와 같은 믿음이 없이는 마음이 나라 말라
눈 광명이 땅에 떨어질 때 한이 만단이나 되리라

無名無相是地體
悟地之信是正信
若無是信莫心我
眼光落地恨萬端

진심송(眞心頌)

이름도 없고 상도 없는 이 진공이여
공이라는 공은 공이라 함마저도 없는 이 참 바탕이라
이와 같은 바탕이라야 이 공인 몸이니
이와 같은 몸이 아니면 참다운 마음이 아니니라

無名無相是眞空
空空無空是眞地
如是之地是空體
如是非體非眞心

업신송(業身頌)

업의 몸이란 것은 고통의 근본이요
업의 마음이란 것은 환란의 근본이니라
업의 행이란 것은 다툼의 근본이요
업의 일이란 것은 허망의 근본이니라

業身乃苦痛之本
業心乃患亂之本
業行乃鬪爭之本
業事乃虛妄之本

보림송(保任頌) 1

업의 몸을 다스리는 데는 계행이 최상이요
업의 마음을 다스리는 데는 인내가 최상이니라
계행과 인내로 잘 다스리면 보림이 순조롭고
보림이 잘 이루어지면 구경에 이르느니라

治業身之戒最上
治業心之忍最上
善治戒忍順保任
善成保任至究竟

보림송(保任頌) 2

육신의 욕망은 하나까지라도 모두 버려야 하고
육신을 향한 생각은 남음이 없이 버려야 하느니라
이와 같이 보림하면 업이 중한 사람일지라도
당생에 반드시 구경지를 성취하리라

肉身欲望捨都一
肉身向思捨無餘
如是保任重業人
當生必成究竟地

공성본질송(空性本質頌) 1

무극인 빈 성품의 본래 몸은
언어나 마음과 행위로 표현 못 하나
모든 부처님과 만물이 이로 좇아 생겼으며
궁극에 일체가 돌아가 의지할 곳이니라

無極空性之本體
言語道斷滅心行
諸佛萬物從此生
窮極一切歸依處

공성본질송(空性本質頌) 2

혼연한 빈 바탕을 이름해서 무아라 하고
무아의 다른 이름이 이 무극이니라
유정 무정이 이로 좇아 생겼으며
궁극에 일체가 돌아가 의지할 곳이니라

渾然空地名無我
無我異名是無極
有情無情從此生
窮極一切歸依處

공성본질송(空性本質頌) 3

이러-히 밝게 사무친 것을 이름해서 견성이라 하고
이 바탕에 밝게 사무쳐야 바르게 깨달은 사람이니
도를 닦는 사람은 반드시 명심해서
각자 관조하여 그릇 깨달음이 없어야 하느니라

如是明徹名見性
是地明徹正悟人
修道之人必銘心
各者觀照無非悟

명정오송(明正悟頌)

밝지도 어둡지도 않은 곳을 향해서
그윽한 본래의 바탕에 합하여야
이것을 진실한 깨달음이라 하는 것이니
그렇지 않다면 바른 깨달음이 아니니라

向不明暗處
冥合本來地
此是眞實悟
不然非正悟

무아송(無我頌)

중생들이 말하는 무아라는 것은
변하고 달라지는 나를 말하는 것이요
깨달은 사람의 무아는
변하지 않는 나를 말하는 것이다

衆生之無我
變異之言我
悟人之無我
不變之言我

태시송(太始頌)

탐착한 묘한 광명에 합한 것이 상을 이루었고
상에 집착하여 사는데서 익힌 것이 모든 업을 이루었다
업을 인해서 만반상이 생겨 나왔으며
만상으로 해서 만반법이 생겨 나왔다

貪着妙光合成相
執相生習成諸業
因業生出萬般象
萬象生出萬般法

21세기에 인류가 해야 할 일

 이 사람은 1962년 26세 때부터 21세기에 인류에게 닥칠 공해문제, 에너지문제를 예견하고 대체에너지(무한원동기, 태양력, 파력, 풍력 등) 개발과 '울 안의 농법'을 연구하고 그 필요성을 많은 이들에게 이야기해 왔습니다.

 당시에는 너무 시대를 앞서가는 이야기여서인지 일반인들이 수용하지 못하고 오히려 불신의 눈으로 바라보며 이 사람의 법마저 의심하였습니다. 하지만 현대에 있어서는 이것이 인류가 해결해야 할 가장 절박한 사안이 되어 있습니다.

 '사막화방지 국제연대'를 설립한 것도 현재 인류가 해결해야 할 가장 절박한 지구환경문제를 이슈화시키고 그 해결책을 제시하여 재앙에 직면한 지구촌을 살리기 위해서입니다.

 '사막화방지 국제연대'에서 추진하고 있는 사막화 방지, 지구 초원

화, 대체에너지 개발은 온 인류가 발 벗고 나서서 해야 할 일입니다.

　첫 번째 사막화 방지에 있어서 기존에 해왔던 '나무심기 사업'은 천문학적인 예산과 많은 인력을 동원하고도 극도로 황폐한 사막화된 환경을 되살리는 데 실패하였습니다.

　그래서 이 사람은 사막화 방지에 있어서는 '사막 해수로 사업'을 새로운 방안으로 제시하였습니다.

　사막 해수로 사업은 사막화된 지역에 수도관을 매설하여 바닷물을 끌어들여서 염분에 강한 식물을 중심으로 자연생태계를 복원하는 사업입니다.

　이것은 나무심기 사업으로 심은 나무들이 절대적으로 물이 부족하여 생존할 수 없었던 문제를 해결할 수 있는, 현재로서는 유일한 해결책입니다.

　그러나 '사막화방지 국제연대'의 목적은 사막이 확장되는 것을 방지하자는 것이지 사막 전체를 완전히 없애자는 것은 아닙니다. 인체에서 심장이 모든 피를 전신의 구석구석까지 골고루 보내어 살아서 활동하게 하듯이 사막은 오히려 지구의 심장 역할을 하는 중요한 곳이기 때문입니다.

　그래서 21세기에 있어서는 다만 사막의 확장을 방지할 뿐 아니라 사막을 어떻게 운용하느냐를 연구해야 합니다.

　사막에 바둑판처럼 사방이 막힌 플륨관 수로를 설치하여 동, 서, 남, 북 어느 방향의 수로를 얼마만큼 채우느냐 비우느냐에 따라, 사막으로부터 사방 어느 방향으로든 거리까지 조절하여, 원하는 지역에 비를 내리게 하고 그치게 할 수 있습니다. 철저히 과학적인 데이터에 의해 이렇게 사막을 운용함으로써 21세기의 지구를 풍요로운 낙원시대로 만들어가야 합니다.

　두 번째로 지구를 초원화할 수 있는 방안으로 3년간의 실험을 통해, 광활한 황무지 지역을 큰 비용을 들이거나 많은 인력을 동원하지 않고도 짧은 시간 내에 초지로 바꿀 수 있는 식물을 찾아냈습니다.

　그것은 바로 '돌나물'입니다. 돌나물은 따로 종자를 심을 필요가 없이 헬리콥터나 비행기로 살포해도 생존, 번식할 수 있으며, 추위와 더위, 황폐한 땅에서도 살아남을 수 있는 생명력과 번식력이 강한 식물입니다.

　지구환경을 되살리는 초지조성 사업에 있어서 이것이 큰 도움이 되리라 생각합니다.

　세 번째의 대체에너지 개발에 있어서는 태양력, 파력, 풍력 등 1962년도부터 이 사람이 연구하고 얘기해왔던 방법들이 이미 많이 개발되어 실용화한 단계에 있습니다.

　이 세 가지 일은 한 개인이나 한 국가가 할 수 있는 일이 아닙니다. 모든 국가가 앞장서서 전세계적인 사업으로 이루어져야 합니다. 모든 국가가 함께 하는 기금조성이 이루어져야 하고 기금조성에 참여한 국가는 이 시스템에 의한 전면적인 혜택을 입을 수 있도록 해야 합니다.

　인류 모두가 지혜를 모아 이 일에 전력을 다한다면 인류는 유사 이래 가장 좋은 시절을 맞이하게 될 것이며, 만약 이 일을 남의 일인 양 외면한다면 극한의 재앙을 면할 수 없을 것입니다.

　이 사람이 오래 전부터 얘기해왔던 '울 안의 농법'은 이미 미국 라스베이거스(Las Vegas)에서 30층짜리 '고층 빌딩 농장'으로 구현되었습니다. 그렇게 크게도 운영될 수 있지만 각자 자신의 집에서 이루어지는 '울 안의 농법'도 필요합니다.

21세기에 있어서 또 하나 인류가 만일의 사태를 대비해서 연구, 추진해야 될 일이 있다면 바닷속에서의 수중생활, 수중경작입니다.

지구 온난화가 심화될 경우, 공기가 너무 많이 오염될 경우, 바닷물이 높아져 살 땅이 좁아질 경우 등에 대비할 때, 인류는 우주에서의 삶보다는 바닷속에서의 삶을 준비해야 합니다. 왜냐하면 그것이 훨씬 수월하고 비용도 절감할 수 있기 때문입니다.

이렇게 깨달은 이는 이변적으로는 깨달음을 얻게 하여 영생불멸의 삶을 영위할 수 있도록 만인을 이끌어야 하며 사변적으로는 일반인이 예측할 수 없는 백 년, 천 년 앞을 내다보아 이를 미리 앞서 대비하도록 만인의 삶을 이끌어줘야 한다고 생각합니다.

불법의 뜻은 다만 진리 전수에만 있는 것이 아니니, 만인이 서로 함께 영원한 극락을 누릴 때까지 물심양면으로, 이사일여로 베풀어 교화해야 하기 때문입니다.

가슴으로 부르는 불심의 노래

　여기에 실린 가사는 모두 농선 대원 선사님께서 직접 작사하신 것이다. 수행의 길로 들어서게끔 신심, 발심을 북돋아주는 가사로부터 수행의 길로 접어든 이의 구도의 몸부림이 담겨있는 가사, 대승의 원력을 발해서 교화하는 보살의 자비심과 함께 낙원세계를 누리는 풍류를 그려놓은 가사까지 한마디, 한마디가 생생하여 그 뜻이 뼛속 깊이 새겨지고 그 멋에 흠뻑 취하게 된다. 농선 대원 선사님께서는 거칠고 말초적인 요즘의 노래를 듣고 이러한 정서를 순화시키고자, 또한 수행의 마음을 진작시키고자 하는 뜻에서 이 가사들을 쓰셨다.

그래야지

1.
마음으로 물질로써
갖가지로 베푸는 것
생활화한 국민되어
이뤄내는 국가되세
그래야지 그래야지
얼씨구나 좀 더 좋다

그런 이웃 그런 나라
이뤄내서 사노라면
모든 나라 따르리니
그리되면 지상낙원
그래야지 그래야지
얼씨구나 좀 더 좋다

별중의 별 될 것이니
선조의 뜻 이룸이라
후손으로 할 일 해낸
자부심이 치솟누나
그래야지 그래야지
얼씨구나 좀 더 좋다

얼씨구야 절씨구야
좀 더 좋고 좀 더 좋다
얼씨구야 절씨구야
좀 더 좋고 좀 더 좋다

아리랑 아리랑 아라리요
아리랑 고개를 넘어간다

2.
그래야지 그래야지
혼자 삶이 아닌 세상
웬만하면 넘어가는
아량으로 살아가세
그래야지 그래야지
얼씨구나 좀 더 좋다

부딪히면 틀어져서
소통의 길 막히나니
그러므로 눈 감아줘
참는 것이 상책일세
그래야지 그래야지
얼씨구나 좀 더 좋다

걸린 생각 비워내서
한결같이 사노라면
복이되어 돌아옴을
실감할 날 있을 걸세
그래야지 그래야지
좀 더 좋고 좀 더 좋다

얼씨구야 절씨구야
좀 더 좋고 좀 더 좋다
얼씨구야 절씨구야
좀 더 좋고 좀 더 좋다

아리랑 아리랑 아라리요
아리랑 고개를 넘어간다

 마음

1.
시작도 없는 마음
끝남도 없는 마음

온통으로 드러나
언제나 같이 있어

어떤 것도 가릴 수
전혀 없는 그 마음

고고하고 당당한
영원한 마음일세

아리랑 아리랑 아라리요
아리랑 고개를 넘어간다
청천 하늘에 잔별도 많고
요내 가슴에는 희망도 많다

2.
모두를 마음으로
시도를 뭐든 해봐

안되는 일 없어서
사는 데 불편없고

하고프면 하면 돼
뜻 펼치는 삶이니

즐겁고도 즐거운
누리는 삶이로세

아리랑 아리랑 아라리요
아리랑 고개를 넘어간다
청천 하늘에 잔별도 많고
요내 가슴에는 희망도 많다

 평화로운 삶

1.
이 몸을 나로 아는
하나의 실수로서
우주가 생긴 이래

얼마나 많은 고통
겪어들 왔었던가
치떨린 일이로세

뭘 해야 그 반복을
금생에 끊어버려
그 고통 벗어날까

생각코 생각하니
그 해결 내게 있네
마음이 나 된걸세

아리랑 아리랑 아라리요
아리랑 고개를 넘어간다
청천 하늘엔 잔별도 많고
이내 가슴엔 희망도 많다

2.
마음이 내가 되면
그 어떤 것이라도
더 이상 필요찮고

마음이 내가 되면
미묘한 갖은 공덕
스스로 갖춰 있고

마음이 내가 되면
그 모든 근심 걱정
씻은 듯 사라지고

마음이 내가 되면
이 생과 저 세상이
당초에 없는 걸세

아리랑 아리랑 아라리요
아리랑 고개를 넘어간다
청천 하늘엔 잔별도 많고
이내 가슴엔 희망도 많다

3.
마음이 내가 되면
어제와 내일 일을
눈 앞 일 알 듯하고

마음이 내가 되면
신분이 관계 없이
서로가 평등하며

마음이 내가 되면
모든 일 뜻을 따라
원만히 이뤄지고

마음이 내가 되면
걸림이 없는 그 삶
저절로 이뤄지네

아리랑 아리랑 아라리요
아리랑 고개를 넘어간다
청천 하늘엔 잔별도 많고
이내 가슴엔 희망도 많다

 **그리운 님**

환갑 진갑 다 지난 삶 살다보니
석양 노을 바라보다 텅 빈 가슴
외로움에 철이 드나 생각나는
님이시여 이 몸마저 자유롭지
못한 괴롬 닥쳐서야 님의 말씀
들려오는 철없던 삶 후회하며
외쳐 찾는 님이시여 지는 해를
붙들고서 맘이 나된 삶으로써
나고 죽는 모든 고통 없는 삶을
누리라는 그 말씀이 빛이 되어
외쳐지는 님이시여 이제라도
실천 실행 하오리다 이끌어만
주옵소서 님이시여 내 님이여

사는게 아리랑 고개

1.
이 마음이 내가 되니
나고 죽음 본래 없고
이리 보고 저리 봐도
허공까지 내 몸일세
신기하고 신기하다
신기하고 신기해

이 마음이 내가 되니
안 되는 일 전혀 없어
잡된 생각 사라지고
두려움도 없어졌네
신기하고 신기하다
신기하고 신기해

이 마음이 내가 되니
끝이 없이 자유롭고
잠 못 이룬 괴로움과
공황장애 흔적 없네
신기하고 신기하다
신기하고 신기해

아리랑 아리랑
아라리요
아리랑 고개를 넘어왔다

2.
이 마음이 내가 되니
맘 먹은 일 순조롭고
살아가는 나날들이
마음광명 누림일세
신기하고 신기하다
신기하고 신기해

이 마음이 내가 되니
마음광명 누림이라
나날들이 평화롭고
자신감이 넘쳐나네
신기하고 신기하다
신기하고 신기해

이 마음이 내가 되니
대인관계 순조로와
일일마다 즐거웁고
웃음꽃이 피어나네
신기하고 신기하다
신기하고 신기해

아리랑 아리랑
아라리요
아리랑 고개를 넘어왔다

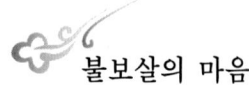 **불보살의 마음**

1.
자비, 그 자비는 눈물이었네
불나방이 불을 쫓듯 가는 이
그래도 못 잊어서 버리지 못해
저리는 저리는 가슴, 그 가슴 안고서
눈물, 피눈물로 저리 부르네

2.
자비, 그 자비는 눈물이었네
제 살 길을 저버리는 이들을
그래도 못 잊어서 버리지 못해
저리는 저리는 가슴, 그 가슴 안고서
눈물, 피눈물로 저리 부르네

 **나의 노래**

1.
노세 노세 봄놀이하세
대천세계 이 봄 경치
한산 습득 친구 삼아
호연지기 즐겨볼까
얼씨구나 절씨구
아니나 즐기고 무엇하리

2.
노세 노세 봄놀이하세
걸음 쫓아 이른 곳곳
문수 보현 벗을 삼아
화엄광장 춤춰볼까
얼씨구나 절씨구
아니나 즐기고 무엇하리

 마음이 나로세

본래 마음이 나이건만
몸이 내가 된 삶이 되어
갖은 고통이 따랐다네
이리 쉽고도 쉬운 일을
어찌 등 돌린 삶으로서
고통 속에서 헤매는고

맘이 내가 된 삶으로서
갖은 고통이 없는 삶을
우리 누리고 살아보세
마음 수행을 모두 하여
나고 죽음이 없음으로
태평 세월을 누려보세

 거룩한 만남

불법을 만난 건 행운 중 행운이고 내 생의 정점일세
거룩한 이 법을 만나는 사람이면 서로가 권하고 권을 하여
함께 하는 일상의 수행이 되어서 다 같이 누리는 낙원 이뤄
고통과 생사는 오간 데 없고 웃음과 평온만 넘치고 넘쳐
길이길이 끝이 없는 복락 누리세

여래의 큰 은혜 순간인들 잊으랴 수행해 크게 깨쳐
구제를 다함만 큰 은혜 갚음이니 노력과 실천 다해
우리 모두 씩씩한 낙원의 역군이 되어 봉화적인 이생의 삶으로써
최선을 다하여 부끄럼 없는 대장부로, 은혜 갚는 장부로
길이길이 끝이 없는 복락 누리세

잘 사는 게 불법일세

1.
잘 사는 게 불법일세
우리 모두 관음보살 지장보살 생활 속에 모시면서
마음 비운 나날들로 바른 삶을 하노라면
불보살님 가피 속에 뜻 이뤄서 꽃을 피운
그런 날이 있을 걸세

2.
잘 사는 게 불법일세
우리 모두 관음보살 지장보살 생활 속에 모시면서
마음 비워 살아가며 시시때때 잊지 않고
참나 찾아 참구하는 그 정성도 함께하면
좋은 소식 있을 걸세

3.
잘 사는 게 불법일세
우리 모두 관음보살 지장보살 생활 속에 모시면서
틈틈으로 회광반조 사색으로 참나 깨쳐
화장세계 장엄하고 얼쉬얼쉬 어울리며
영원토록 웃고 사세

도서출판 문젠(Moonzen Press)의 책들

출간 도서

바로보인 전등록 전 5권
바로보인 무문관
바로보인 벽암록
바로보인 천부경 · 교화경 · 치화경
바로보인 금강경
세월을 북채로 세상을 북삼아
영원한 현실
바로보인 신심명
바로보인 환단고기 전 5권
바로보인 선문염송 전 30권
앞뜰에 국화꽃 곱고 북산에 첫눈 희다
바로보인 증도가
바로보인 반야심경
선을 묻는 그대에게 1 · 2
바로보인 선가귀감
바로보인 법융선사 심명
주머니 속의 심경
바로보인 법성게
달다 -전강 대선사 법어집
기우목동가
초발심자경문
방거사어록
실증설

하택신회대사 현종기
불조정맥 - 한 · 영 · 중 3개국어판
바른 불자가 됩시다
누구나 궁금한 33가지
108진참회문 - 한 · 영 · 중 3개국어판
달마의 일할도 허락지 않는다
마음대로 앉아 죽고 서서 죽고
화두 3개국어판 - 한 · 영 · 중
바로보인 간당론
완전한 우리말 불공예식법
바로보인 유마경
실증설 5개국어판 - 한 · 영 · 불 · 서 · 중
누구나 궁금한 33가지 3개국어판
 - 한 · 영 · 중
달마의 일할도 허락지 않는다
3개국어판 - 한 · 영 · 중
법성게 3개국어판 - 한 · 영 · 중
정법의 원류
바로보인 도가귀감
바로보인 유가귀감
화엄경 81권
바로보인 전등록 전 30권

출간예정 도서

바로보인 능엄경 제6권
바로보인 원각경
바로보인 육조단경
바로보인 대전화상주 심경
바로보인 위앙록
해동전등록 전 10권
말 밖의 말
언어의 향기
농선 대원 선사 선송집

진리와 과학의 만남
바로보인 5대 종교
금강경 야부송과 대원선사 토끼뿔
선재동자 참알 오십삼선지식
경봉선사 혜암선사 법을 들어 설하다
십현담 주해
불교대전
태고보우선사 어록

1. 바로보인 전등록 (전30권을 5권으로)

7불과 역대 조사의 말씀이 1,700공안으로 집대성되어 있는 선종 최고의 고전으로, 깨달음의 정수가 살아 숨쉬도록 새롭게 번역되었다.
464, 464, 472, 448, 432쪽.
각권 18,000원

2. 바로보인 무문관

황룡 무문 혜개 선사가 저술한 공안집으로 전등록, 선문염송, 벽암록 등과 함께 손꼽히는 선문의 명저이다. 본칙 48개와 무문 선사의 평창과 송, 여기에 역저자인 대원선사의 도움말과 시송으로 생명과 같은 선문의 진수를 맛보여 주고 있다.
272쪽. 12,000원

3. 바로보인 벽암록

설두 선사의 설두송고를 원오 극근 선사가 수행자에게 제창한 것이 벽암록이다.
이 책은 본칙과 설두 선사의 송, 대원선사의 도움말과 시송으로 이루어져, 벽암록을 오늘에 맞게 바로 보이고 있다.
456쪽. 15,000원

4. 바로보인 천부경

우리 민족 최고(最古)의 경전 천부경을 깨달음의 책으로 새롭게 바로 보였다. 이 책에는 81권의 화엄경을 81자에 함축한 듯한 천부경과, 교화경, 치화경의 내용이 함께 담겨 있으며, 역저자인 대원선사가 도움말, 토끼뿔, 거북털 등으로 손쉽게 닦아 증득하는 문을 열어 놓고 있다.
432쪽. 15,000원

5. 바로보인 금강경

대원선사의 『바로보인 금강경』은 국내 최초로 독창적인 과목을 내어 부처님과 수보리 존자의 대화 이면의 숨은 뜻을 드러내고, 자문과 시송으로 본문의 핵심을 꿰뚫어 밝혀, 금강경 전체를 손바닥 안의 겨자씨를 보듯 설파하고 있다.
488쪽. 15,000원

6. 세월을 북채로 세상을 북삼아

대원선사의 선시가 담긴 선시화집 『세월을 북채로 세상을 북삼아』는 선과 시와 그림이 정상에서 만나 어우러진 한바탕이다.
선의 세계를 누리는 불가사의한 일상의 노래, 법열의 환희로 취한 어깨춤과 같은 선시가 생생하고 눈부시게 내면의 소리로 흐른다.
180쪽. 15,000원

7. 영원한 현실

애매모호한 구석이 없이 밝고 명쾌하여, 너무도 분명함에 오히려 그 깊이를 헤아리기 어려운, 대원선사의 주옥같은 법문을 모아 놓은 법문집이다.
400쪽. 15,000원

8. 바로보인 신심명

신심명은 양끝을 들어 양끝을 쓸어버리는, 40대치법으로 이루어진, 3조 승찬 대사의 게송이다. 이를 대원선사가 바로 번역하는 것은 물론, 주해, 게송, 법문을 더해 통쾌하게 회통하고 자유자재 농한 것이 이 『바로보인 신심명』이다.
296쪽. 10,000원

9. 바로보인 환단고기 (전5권)

『바로보인 환단고기』 1권은 민족정신의 정수인 환단고기의 진리를 총정리하여 출간하였다. 2권에는 역사총론과 태초에서 배달국까지 역사가 실려 있으며, 3권은 단군조선, 4권은 북부여에서부터 고려까지의 역사가 실려 있다. 5권에는 역사를 증명하는 부록과 함께 환단고기 원문을 실었다. 344·368·264·352·344쪽. 각권 12,000원

10. 바로보인 선문염송 (전30권)

선문염송은 세계최대의 공안집이다. 전 공안을 망라하다시피 했기에 불조의 법 쓰는 바를 손바닥 들여다보듯 하지 않고는 제대로 번역할 수 없다. 대원선사는 전 공안을 바로 참구할 수 있게끔 번역하고 각 칙마다 일러보였다. 352 368 344 352 360 360 400 440 376 392 384 428 410 380 368 434 400 404 406 440 424 460 472 456 504 528 488 488 480 512쪽. 각권 15,000원

11. 앞뜰에 국화꽃 곱고 북산에 첫눈 희다

대원선사의 선문답집으로 전강·경봉·숭산·묵산 선사와의 명쾌한 문답을 실었으며, 중앙일보의 〈한국불교의 큰스님 선문답〉 열 분의 기사와 기자의 질문에 대한 대원선사의 별답을 함께 실었다.
200쪽. 5,000원

12. 바로보인 증도가

선종사에 사라지지 않을 발자취로 남은 영가 선사의 증도가를 대원선사가 번역하고 법문과 송을 더하였다.
자비의 방편인 증도가의 말씀을 하나하나 쳐가는 선사의 일갈이야말로 영가 선사의 본 의중과 일치하여 부합하는 것이라 아니할 수 없다.
376쪽. 10,000원

13. 바로보인 반야심경

이 시대의 야부(冶父)선사, 대원선사가 최초로 반야심경에 과목을 붙여 반야심경 내면에 흐르는 뜻을 밀밀하게 밝혀놓고 거침없는 송으로 들어보였다.
264쪽. 10,000원

14. 선(禪)을 묻는 그대에게 (전10권 중 2권)

대원선사의 선수행에 대한 문답집.
깨달아 사무친 경지에 대한 밀밀한 점검과, 오후보림에 대한 구체적인 수행법 제시와, 최초의 무명과 우주생성의 원리까지 낱낱이 설한 법문이 담겨 있다.
280쪽, 272쪽. 각권 15,000원

15. 바로보인 선가귀감

선가귀감은 깨닫고 닦아가는 비법이 고스란히 전수되어 있는 선가의 거울이라 할 만하다. 더욱이 바로보인 선가귀감은 매 소절마다 대원선사의 시송이 화살을 과녁에 적중시키듯 역대 조사와 서산대사의 의중을 꿰뚫어 보석처럼 빛나고 있다.
352쪽. 15,000원

16. 바로보인 법융선사 심명

심명 99절의 한 소절, 한 소절이 이름 그대로 마음에 새겨두어야 할 자비광명들이다.
이 심명은 언어와 문자이면서 언어와 문자를 초월한 일상을 영위하게 하는 주옥같은 법문이다.
278쪽. 12,000원

17. 주머니 속의 심경

반야심경은 부처님이 설하신 경 중에서도 절제된 경으로 으뜸가는 경이다. 대원선사의 선송(禪頌)도 그 뜻을 따라 간략하나 선의 풍미를 한껏 담고 있다. 하루에 한 소절씩을 읽고 참구한다면 선 수행의 지름길이 될 것이다.
 84쪽. 5,000원

18. 바로보인 법성게

법성게는 한마디로 화엄경의 핵심부를 온통 훤출히 드러내놓은 게송이다. 짧은 글 속에 일체의 법을 이렇게 통렬하게 담아놓은 법문도 드물 것이다.
이렇게 함축된 법성게 법문을 대원선사가 속속들이 밀밀하게 설해놓았다.
176쪽. 10,000원

19. 달다 - 전강 대선사 법어집

이제는 전설이 된 한국 근대선의 거목인 전강 선사님의 최상승법과 예리한 지혜, 선기로 넘쳤던 삶이 생생하게 담겨 있는 전강 대선사 법어집 〈달다〉!
전강 대선사님의 인가 제자인 대원선사가 전강 대선사님의 법거량과 법문, 일화를 재조명하여 보였다.
368쪽. 15,000원

20. 기우목동가

그 뜻이 심오하여 번역하기 어려웠던 말계 지은 선사의 기우목동가!
대원선사가 바른 뜻 드러나도록 번역하고, 간결한 결문과 주옥같은 선송으로 다시 보였다.
 146쪽. 10,000원

21. 초발심자경문

이 초발심자경문은 한문을 새기는 힘인 문리를 터득하게 하기 위하여 일부러 의역하지 않고 직역하였다. 대원선사의 살아있는 수행지침도 실려 있다.
 266쪽. 10,000원

22. 방거사어록

방거사어록은 선의 일상, 선의 누림을 보여주는 대표적인 선문이다. 역저자인 대원선사는 방거사어록의 문답을 '본연의 바탕에서 꽃피우는 일상의 함'이라 말하고 있다. 법의 흔적마저 없는 문답의 경지를 온전하게 드러내 놓은 번역과, 방거사와 호흡을 함께 하는 듯한 '토끼뿔'이 실려 있다.
306쪽. 15,000원

23. 실증설

이 책은 대원선사가 2010년 2월 14일 구정을 맞이하여 불자들에게 불법의 참뜻을 보이기 위해 홀연히 펜을 들어 일시에 써내려간 법문을 모태로 하였다. 실증한 이가 아니고는 설파할 수 없는 성품의 이치를 자문자답과 사제간의 문답을 통해 1, 2, 3부로 나눠 실증하여 보이고 있다.
224쪽. 10,000원

24. 하택신회대사 현종기

육조대사의 법이 중국천하에 우뚝하도록 한 장본인, 하택신회대사의 현종기. 세간에 지해종도(知解宗徒)로 알려져 있는 편견을 불식시키는 뛰어난 깨달음의 경지가 여기에 담겨있다. 대원선사가 하택신회대사의 실경지를 드러내고 바로보임으로써 빛냈다.
232쪽. 10,000원

25. 불조정맥 - 韓・英・中 3개국어판

석가모니불로부터 현 78대에 이르기까지 불조정맥진영(佛祖正脈眞影)과 정맥전법게(正脈傳法偈)를 온전하게 갖춘 최초의 불조정맥서. 대원선사가 다년간 수집, 정리하여 기도와 관조 끝에 완성한 『불조정맥』을 3개국어로 완역하였다.
216쪽. 20,000원

26. 바른 불자가 됩시다

참된 발심을 하여 바른 신앙, 바른 수행을 하고자 해도, 그 기준을 알지 못해 방황하는 불자님들을 위해 불법의 바른 길잡이 역할을 하도록 대원선사가 집필하여 출간하였다.
162쪽. 10,000원

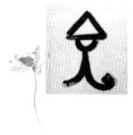

27. 누구나 궁금한 33가지

21세기의 인류를 위해 모든 이들이 가장 어렵고 궁금해 하는 문제, 삶과 죽음, 종교와 진리에 대한 바른 지표를 제시하고자 대원선사가 집필하여 출간하였다.
180쪽. 10,000원

28. 108진참회문 - 韓・英・中 3개국어판

전생의 모든 악연들이 사라져 장애가 없어지고, 소망하는 삶을 살게 하기 위해 대원선사가 10계를 위주로 구성한 108 항목의 참회문이다. 한 대목마다 1배를 하여 108배를 실천할 것을 권한다.
170쪽. 15,000원

29. 달마의 일할도 허락지 않는다

대원선사의 짧고 명쾌한 법문집.
책을 잡는 순간 달마의 일할도 허락지 않는 선기와 맞닥뜨리게 될 것이다. 때로는 하늘을 찌를 듯한 기세와, 때로는 흔적 없는 공기와도 같은 향기를 일별하기를…
190쪽. 10,000원

30. 마음대로 앉아 죽고 서서 죽고

생사를 자재한 분들의 앉아서 열반하고 서서 열반한 내력은 물론 그분들의 생애와 법까지 일목요연하게 수록해놓았다.
446쪽. 15,000원

31. 화두 3개국어판 - 韓·英·中

『화두』는 대원선사의 평생 선문답의 결정판이다. 생생하게 살아있는 선(禪)을 한·영·중 3개국어로 만날 수 있다. 특히 대원선사의 짧은 일대기가 실려 있어 그 선풍을 음미하는 데에 큰 도움을 주고 있다.
440쪽. 15,000원

32. 바로보인 간당론

법문하는 이가 법리를 모르고 주장자를 치는 것을 눈먼 주장자라 한다. 법좌에 올라 주장자 쓰는 이들을 위해서 대원선사가 간당론에서 선리(禪理)만을 취하여 『바로보인 간당론』을 출간하였다.
218쪽. 20,000원

33. 완전한 우리말 불공예식법

부처님께 공양을 올리고 불보살님의 가피를 구하는 예법 등을 총칭하여 불공예식법이라 한다. 대원선사가 이러한 불공예식의 본뜻을 살려서 완전한 우리말본 불공예식법을 출간하였다.
456쪽. 38,000원

34. 바로보인 유마경

유마경은 불법의 최정점을 찍는 경전이라 할 것이니, 불보살님이 교화하는 경지에서의 깨달음의 실경과 신통자재한 방편행을 보여주는 최상승 경전이다. 대원선사가 〈대원선사 토끼뿔〉로 이 유마경에 걸맞는 최상승법을 이 시대에 다시금 드날렸다.
568쪽. 20,000원

35. 실증설
5개국어판 - 韓·英·佛·西·中

대원선사가 불법의 참뜻을 보이기 위해 홀연히 펜을 들어 일시에 써내려간 실증설! 실증한 이가 아니고는 설파할 수 없는 도리로 가득한 이 책이 드디어 영어, 불어, 스페인어, 중국어를 더하여 5개국어로 편찬되었다.
860쪽. 25,000원

36. 누구나 궁금한 33가지
3개국어판 - 韓·英·中

누구라도 풀어야 할 숙제인 33가지의 의문에 대한 답을 21세기의 현대인에게 맞는 비유와 언어로 되살린 『누구나 궁금한 33가지』가 한글, 영어, 중국어 3개국어로 출간되었다.
408쪽. 15,000원

37. 달마의 일할도 허락지 않는다
3개국어판 - 韓·英·中

대원선사의 짧고 명쾌한 법문집인 『달마의 일할도 허락지 않는다』가 한글, 영어, 중국어 3개국어로 출간되었다. 전세계에서 유일하게 활선의 가풍이 이어지고 있는 한국, 그 가운데에서도 불조의 정맥을 이은 대원선사가 살활자재한 법문을 세계로 전하고 있는 책이다.
308쪽. 15,000원

38. 화엄경 (전81권)

대원선사는 선문염송 30권, 전등록 30권을 모두 역해하여 세계 최초로 1,463칙 전 공안에 착어하였다. 이러한 안목으로 대천세계를 손바닥의 겨자씨 들여다보듯 하신 불보살님들의 지혜와 신통으로 누리는 불가사의한 화엄세계를 열어 보였다.
220쪽. 각권 15,000원

39. 법성게 3개국어판 - 韓·英·中

법성게는 한마디로 화엄경의 핵심부를 훤출히 드러내 놓은 게송으로 짧은 글 속에 일체 법을 고스란히 담아 놓았다. 대원선사의 통쾌한 법성게 법문이 한영중 3개국어로 출간되었다.
376쪽. 15,000원

40. 정법의 원류

『정법의 원류』는 불조정맥을 이은 정맥선원의 소개서이다. 정맥선원은 불조정맥 제77조 조계종 전강 대선사의 인가 제자인 대원 전법선사가 주재하는 도량이다. 『정법의 원류』를 통해 정맥선원 대원선사의 정맥을 이은 법과 지도방편을 만날 수 있다.
444쪽. 20,000원

41. 바로보인 도가귀감

도가귀감은, 온통인 마음[一物]을 밝혀 회복함으로써, 생사를 비롯한 모든 아픔과 고를 여의어, 뜻과 같이 누려서 살게 하고자 한 도교의 뜻을, 서산대사가 밝혀놓은 책이다. 대원선사가 부록으로 도덕경의 중대한 대목을 더하고, 그 대목대목마다 결문(決文)하였다.
218쪽. 12,000원

42. 바로보인 유가귀감

유가귀감은 서산대사가 간추려놓은 구절로서, 간결하지만 심오하기 그지없으니, 간략한 구절 속에서 유교사상을 미루어볼 수 있게 하였다. 대원선사가 그 뜻이 잘 드러나게 번역하고 그 대목대목마다 결문(決文)하였다.
236쪽. 15,000원

43. 바로보인 전등록 (전30권)

7불로부터 52세대까지 1,701명 선지식의 깨달음의 진수가 담긴 전등록 30권에 농선 대원 선사가 선리(禪理)의 토끼뿔을 더해 닦아 증득하는데 도움이 되도록 하였다.
288쪽. 각권 15,000원

농선 대원 선사 법문 mp3 주문 판매

* 천부경 : 15,000원
* 신심명 : 30,000원
* 현종기 : 65,000원
* 기우목동가 : 75,000원
* 반야심경 : 1회당 5,000원 (총 32회)
* 선가귀감 : 1회당 5,000원 (총 80회)

* 금강경 : 40,000원
* 법성게 : 10,000원
* 법융선사 심명 : 100,000원

농선 대원 선사 작사 CD 주문 판매

* 가슴으로 부르는 불심의 노래 1,2,3집
  각 : 1만 5천원
* 유튜브에서 채널 구독하시고 무료로 찬불가 앨범을 감상하세요

주문 문의 ☎ 031-534-3373

유튜브에서 채널 구독하시고
무료로 찬불가 앨범을 감상하세요

유튜브에서 MOONZEN을 검색하시거나
아래의 주소로 접속해주세요

http://www.youtube.com/user/officialMOONZEN